ALPHABET

DES LIEVX

REMARQVABLES

EN L'HISTOIRE

DES ASSYRIENS,

DES PERSES, DES GRECS,
ET DES ROMAINS.

Auec leurs noms Modernes, leurs
Obseruations Historiques, & l
moyen de les trouver sur la Carte.

Par P. DV VAL Geographe
rdinaire du Roy,

PARIS,

Chez GERVAIS CLOVZIER, au
Palais, sur les degrez de la
Saincte Chapelle.

2

EXPLICATION
DES MARQVES,

Fl. Fluvius,

I. Insula,

Pop. Populi,

V. Vrbs ou Ville,

*Le Premier Chifre Marque
les Degrez de longitude, le second
fait voir les Degrez de Latitude.*

ALPHABET

DES LIEVX REMARQVA-
bles en l'Histoire, des Aßyriens, des
Perses, des Grecs, des Romains.

Auec leurs noms Modernes, leurs Obseruations Historiques, & le moyen de les
trouuer sur la Carte.

BDERA V. *Thraciæ,*
Abdera en Romanie. Ses
Anciens habitans fu-
rét délogés par les Rats
& les Grenoüilles.

En sa retraite de la Grece, Xerces commença d'y quitter sa cein-
ture, cóme estant hors de danger.
Proche d'Abdere, ont esté les Escuries du Crüel Diomede qui dó-
noit ses Hostes à ses Chevaux au

4   *l'Alphabet des quatre*
lieu d'avoine.

Abÿ populi Scythiæ. Ils ont esté en estime d'estre les plus Iustes de tous les Scytes.

Abita mons Mauritaniæ. Sierra de las monas. Montagne d'Afrique en Barbarie proche du Destroit de Gibraltar.

Abus, mons Armeniæ. Arrat mõtagne d'Armenie, ou l'on dit que s'aresta l'Arche de Noe.

Abydus. Auido V. d'Asie, sur l'Hellespon. Elle est renommée par les Amours de Leandre & Hero.

Xerces y fit dresser vn pont de 674. galeres où il fit passer son armée cõposée de plus de Cinq millions d'hommes, peu auparavant ce Prince auoit fait foüetter la mer qui luy auoit ruiné deux autres ponts.

Acanthus V. de Macedoine sur l'Archipel.

Acarnanes, Populi Achaiæ, Ils ont eu

la reputation d'estre les meilleurs frondeurs de toute la Grece. Eux seuls d'entre les Grecs ne furent pas à la guerre de Troie.

Acci V. Hispania, Guadix V. d'Espagne dans le Royaume de Grenade.

Accon al. *Ptolemais,* S. Iean d'Acre *V.* de Sourie sur la mer Mediteranée.

Achaia. Livadie, province de Grece. 48. 38.

Abaïa V. Amaionum, Maurozichia V. d'Asie en Commanie sur la mer Noire.

Achay Populi dans le Peloponese. *Acherō,* Fleuue de Grece en Epire.

Acherusia Palus, proche d'Heraclée du Pont en l'Anatolie.

L'on dit qu'Hercule amena le Cerbere des Enfers par cét endroit.

Actium, V. de Grece en Acarnanie sur la mer à donné le nom à la Victoire navale d'Auguste sur

Marc-Anthoine & Cleopatre.

Adramythum V. *Mysia. Landimitri* V. de l'Asie mineure sur l'Archipel.

Adrianopoli V. *Tracia. Andrinople* V. de Romanie Province de la Turquie en Europe.

Adriaticum Mare, quod & Superum, le Golfe de Venise, entre l'Italie & la Dalmatie.

Adrumetum, Hamamatha V. de Barbarie, sur la coste du Royaume de Tunis. Deuant cette Ville, pendant la guerre de Cesar, 30 Caualiers Gaulois, ont soustenu & repoussé plus de 2000 Maures.

Ædessa, quæ & Ægæa, V. de Macedoine, sejour & lieu de Sepulture des anciens Roys du Païs. En cette ville arriua le meurtre du Roy Philippe, & quelque téps parauant celuy des Ambassadeurs Persans causé par leur insolence.

Ægades, ou Ægathes Insulæ, Isles au

couchant de la Sicile, les Romains y ont deffait sur Mer les Cartha-ginois, en la premiere guerre Pu-nique.

Agæ, petite Riviere en la Cher-sonese de Thrace, connuë pour l'entiere défaite des Atheniens, par les Lacedemoniens sous Ly-sander, sur la fin de la guerre du Peloponese.

Ægeum Mare, *l'Archipel*, partie de la mer Mediterranée, entre la Grece, qui fait partie d'Europe & l'Asie Mineure.

Ægina I. Engia, Isle entre le Pe-loponese & l'Attique, les Ægine-tes ont esté quelque temps puissãts sur la Mer.

Ægusa I. Limosa, Isle au couchant d'Hiuer de Malthe.

Ægiptus, *L'Egipte*, Contrée & an-cien Royaume d'Afrique. 62. 30.

Æmilia, Prouince d'Italie aux enuirons de Ravenne, de Bologne

2   *l'Alphabet des quatre*

& de Modene. 34. 44. ½

Æminium V. *Lusitania. Coimbra* V. de Portugal.

Æoliæ Insulæ, Isles de Lipari, au septentrion de la Sicile.

Æolis, Côtrée d'e l'Asie mineure sur l'Archipel aux environs de Fogias. 8. 34. Elle à esté nommée & peuplée par les Boeotiens peuples de la Grece.

Æthiopia L'Ethiopie ou *Abißinie*, Païs d'Afrique. 64.   22.

Ætna mons, le mont Gibel, en Sicile, connû pour ses Feux & ses Flames.

Ætoli, Peuples de la Grece en l'Achaie, Ils ont osé mespriser les Edits d'Alexandre pendãt ses plus grandes Victoires.

Æx, Rocher en l'Archipel, aucuns disent qu'il a donné Son nom à la mer Egée.

AFRICA l'Afrique, l'vne des grandes Parties du Monde.

Africa propria, partie du Royaume

de Tunis, aux enuirons de la Grãde Carthage. 32. 33.

Agendicum V. *Celticæ. Sens* V. de France en Champagne.

Agrigentun V. *Gergenti* V. de Sicile, renommée par la Tyrannie de Phalaris & pour l'Inuention du Taureau d'airain par Perille.

Alabanda V. *Cariæ. Alabanda* V. d'Anatolie.

Alani Pop. Anciens peuples de Scythie qui ont rauagé plusieurs endrois de l'Europe.

Alba V. d'Italie proche de Rome, auiourd'huy ruinée, autrefois capitale du pays Latin, & patrie des 3 Curiaces qui se battirent contre les trois Horaces Romains, sous le Regne de Tullus Hostilius.

Albana V. *Albaniæ. Stranu* V. de Züirie en Georgie sur la mer Caspienne.

Albania, Zuirie, contrée d'Asie sur la mer Caspienne 79. 47.

Albaniæ Pylæ, le Pas du mont Cocafe en Georgie.

Albanopolis V. *Macedoniæ. Albano-poli*, V. de Grece en Albanie.

Albanus Fl. Albaniæ Terxa, Riuie-re au Septentrion de Georgie.

Albion, al. *Britannià Maior I. La grande Bretagne* la plus grande Ifle d'Europe.   19.   52.

Albis Fl. l'Elbe, Riuiere d'Ale-magne.

Alemanni Populi, partie de Frã-conie & de Soüabe en Alemagne, qui femble en auoir receu le nom.

Aleria V. *Aleria* V. ruinée en l'Ifle de Corce.

Alexandria V. *Ægypti Alexan-drie la Grande*, V. d'Egipte baftie par Alexandre-le Grand proche de la mer.

Alexandria Arachofie .V. *Canda-har*, V. aux confins de la Perfe & de l'Inde.

Alexandria Aria V. Caußiend V.

de Perse.

Alexandria Syriæ al. *Cotiſſus* V. *Alexandreta* V. & port de mer de Sourie.

Alexandria Vltima V. *Sogdianæ.* *Eſcaland,* V. du Zagathay, proche des ſources de l'Oxus. Alexandre le Grand y fit mourir le Philoſophe Calliſtene.

Alexia V. *Celtica,* *Alize* V. ruinée en Bourgogne. Elle eſt renommée pour ſon ſiege & pour ſa priſe par Iules-Ceſar nonobſtant les prodigieuſes troupes des Gaulois.

Alganzana V. *Mediæ Raſt* V. de Perſe ſur la mer Caſpienne.

Alinda V. *Cariæ,* place de l'Anatolie.

Allia, Fl. in Sabinis, Rio caminato ò *Rio moſſo,* Il ſerend dans le Tibre. Les Romains y furent défaits par les Gaulois.

Allobroges populi Galliæ, partie de Dauphiné & de Sauoye.

Alpes montes, les Alpes Fameuſes, montagnes aux confins de France, d'Italie, & d'Alemagne.

Alpheus, Fl. l'Alfeo, ou *Carbon,* Fleuve de la Morée. Les Anciens ont feint qu'il paſſoit ſous la mer pour aller voir la fontaine arethuſe en Sicile.

Alvara. V. *Medina, V.* d'Aſie, en l'Arabie, Heureuſe .

Amaruſa V. Hyrcaniæ. Mazendarã, V. de Perſe.

Amaſia V. Ponti in Cappadocia, Amaſie, V. d'Anatolie patrie de Mithridate, & de Strabon.

Amaſtris V. Ponti, Samaſtro, V. d'Anatolie, ſur la mer Noire.

Amatus V. ruinée en l'Iſle de Cypre.

Amazones, Elles ont particulierement habité la Commanie, côtrée de l'Aſie ſeparée de l'Europe par le Dom.

Ambracia, V. *Larta, V.* de Grece

en Epire.

Amida V. *Mesopotamiæ. Amed, V.* du Diarbech, en la Turquie d'Asie.

Amisus, V. *Paphlagoniæ. Simiso V.* d'Anatolie sur la mer noire.

Ammæa, V. *Mesopotamiæ. Caramit,* *V.* du Diarbech, en la Turquie d'Asie.

Ammon, Temple de Iuppiter en Libie, fameux pour ses Oracles, Il fut basti par Bacchus, visité par Persée, par Hercule, & par Alexã-dre-le Grãd. Vne armée de Cam-bises Roy de Perse fut dissipée dãs les sables du voisinage.

Amorgus, I. Morgo, Isle en l'Ar-chipel.

Amphipolis, V. *Amphipoli; V.* de Macedoine.

Ampsaga, Fl. Suffegmar, Riv. de Barbarie passe proche de Constã-tine.

Anas, Fl. Güadiana, Riv. d'Es-pagne, se cache en terre pendant quelques lieuës.

Anchialus, V. Cilicia, V. Ruinée en l'Anatolie proche de la Sourie. On dit qu'elle fut bastie en vn iour par Sardanapale dernier Roy des Assiriens, que ce Prince y est enterré.

Arcona. V. Ancone V. d'Italie en l'Estat Eclesiastique sur le Golfe de Venise.

Ancyra, V. Galatia, Angoure, V. d'Anatolie proche de cette ville, Pompée le Grand defit Mithridate le redoutable ennemy de l'Empire Romain.

Andros, I. Andri, Isle en l'Archipel.

Angili populi Germania, dans le *Mekelbourg,* province de l'Alemagne sur la mer Baltique.

Antandrus, Port de mer de l'Asie, mineure en Misie, Enée s'y ébarqua apres la destruction de Troïe.

Antaradus, V. Tortosa V. de Sourie

ſur la Coſte.

Anthiochia Magna V. *Anthioche la Grande* V. autres-fois. capitale de Sourie, ſeiour de quelques Empereurs Romains, & le premier ſiege de Patriache que S. Pierre ai reſtabli.

Antiochia, V. *Ciliciæ Antiocheta,* V. de Caramanie, en l'Anatolie.

Antiochia V. *Margianæ, Thous* V. d'Aſie en Perſe.

Antiochia V. *Piſidiæ. Tachia* V. d'Anatolie.

Antitaurus, montagne d'Aſie en Armenie, &c.

Antium, Anzo, V. *ruinée* en la Campagne de Rome, les Romains y ont remporté leur premiere victoire Nauale.

Antropatena pars Mediæ, le *Servan* province de Perſe,

Aomos Bactrianæ, Ancienne forteresse ruinée, dans le Zagathay proche de l'Inde.

Aornos Indiæ, Anciéne forteresse de l'Inde, vers Attock.

Apamiæ, V. *Syriæ, Aman* V. de Sourie.

Apamiæ-Cibotus, V. *Phrygiæ, Apamis,* V. d'Anatolie.

Apenninus mons, le *Mont Apennin.* Il trauerce l'Italie.

Aphrodicias, V. *Cariæ. Apodisia* V. ruinée dans l'Anatolie.

Aphrodisium promontorium Hispaniæ, Cap de Creuz, en Catalogne.

Apollonià V. *Assyriæ, Holvan* V. de Perse, proche de la Turquie.

Apollonia V. *Libyæ, Bonandrea* V. du pays de Barca en Barbarie.

Apollonia, V. *Macedoniæ,* V. ruinée en Albanie, prouince de Grece. Pyrrhus eut dessein d'y faire vn Pont de Batteaux bien que cét espace eût plus de 60. mille pas Geometriques.

Aprositos, J. *Porto-santo, Isle* proche de l'Isle Madere, où plustost l'Isle

Inaccessible.

A pſorus *V.Ponti.* A rixa *V.* de Mingrelie ſur la mer noire.

A pulia *Regio,* *La Poüille,* fait partie
du Royaume de Naples, en Italie.
40.   41.

A quæ-ſextiæ, V. *Galliæ.* Aix, *V.* de
France, capitale de Prouence.

Aquileia, V. *Aquilée V.* d'Italie, dãs
le Domaine de Veniſe, elle a eſté
ruinée par Attila Roy des Huns.

Aquincum, V. *pannoniæ, Gran ou
Strigonie,* V. de Hongrie, proche
du Danube.

Aquitania, la Guienne, l'vne des
grãdes regiõs de la Gaule. 20.45.

Arabia, l'Arabie, païs d'Aſie, di-
viſé en trois Parties.

Arabia Deſerta, l'Arden ou Arabie,
Deſerte.   75.   31.

Arabia Felix, l'*Hyaman,* ou l'*Arabie*
heureuſe.   72.   25.

Arabia Petrea, le *Beriara* al. *Bar-*
raab ou *Arabie Petrée.* 67.   30.

Arachosia, le *Candahar,* contrée d'Asie, entre la Perse & l'Inde. 110.   34.

Arachotus, V. *Arachosiæ.Dunki,* V. de l'Inde, proche de la Perse.

Aradus, I. Isle en la mer Mediterranée, sur la Coste de Sourie.

Aræ-Alexandri, dãs l'Inde au delà de l'Indus. Elles servirent de Bornes aux Conquestes d'Alexandre.

Aræ-philenorum, aux confins de Tripoli & de Barca; Ancienne borne des Estats de Carthage, & de Cyrene; des Empires d'Occident, & d'Orient.

Araxes, Fluvius, *Arais,* Riviere d'Armenie, renommée pour la defaite du Grand Cyrus, ou selon Iustin, 200000. Perses furent tués sur la place, & le Roy sacrifié à la vengeance de Tomiris Reine des Scythes.

Arbela, V. *Assyriæ. Erbel,* V. de Perse, renõmée par la troisiesme grande victoire d'Alexandre le Grand, sur Darius.

Arbis, V. *Gedrosie. Mackeran,* V. de Perse, proche de l'Inde.

Arcades, peuples de Grece, au milieu du Peloponese. Ils furét appellez stupides parce que les autres Grecs ayant receu l'Astrologie, ils la mespriserét, disãs qu'ils estoient plus anciens que la Lune: les asnes d'Arcadie õt este estimés les meilleurs Asnes du monde.

Archelais, V. *Cappadociæ,* V. ruinée en l'Anatolie.

Ardea V. *Susianæ, Siapour* V. de Perse, en Chusistan.

Arelate, V. *Arles,* V. de Frãce, en Provence sur le Rosne.

Arethusa palus armeniæ, proche des source du Tigre.

Argos, V. *Peloponesi,* Ancienne ville de Grece, capitale d'vn Royaume, & puis d'vne Republique fameuse. Pyrrhus y fut tué.

d'vn coup de tuile qui luy fut ietté par vne vieille femme, lors qu'il croioit auoir pris la Ville.

Arginus, V. & Insula Asiæ minoris, ad mysiam. les Atheniens y ont rēporté vne victoire Navale, sur les Lacedemoniens, qui perdirēt Callicratidas leur Chef.

Aria, le Chorasan, province de Perse.   103.   35.

Aria, V. Herat, V. de Perse, en Chorasan.

Ariana Rupes, Anciéne forteresse en Perse.

Ariaspe, V. Drangianæ. Callatia, V. d'Asie en Perse.

Arietis frons, promōtoire en la petite Tartarie, sur la mer Noire.

Ariminum V. Rimini, V. d'Italie. Elle fut la premiere pillée par Iule Cesar, en la guerre qu'il fit au Senat de Rome.

Armactita, V. Iberiæ. Bassachiuch, V. d'Asie en Georgie.

Armenia. Turcamanie, Prouince, de la Turquie en Asie. 74. 42.

Armenia-minor, pars Cappadociæ, Aladuli, Contrée d'Anatolie, au Couchant de l'Eufrate. 68. 39.

Arnus, Fl. l'Arne Riuiere d'Italie, en Toscane.

Arsaciæ, V. Mediæ Cußian V. d'Asie en Perse, elle a donné so nó à la Race Royale des Arsacides.

Arsamosata, V. Armeniæ Cartibirt V. d'Asie en Turcomanie.

Arsarata, V. Armenia Derbent, V. d'Asie en Turcomanie sur la mer Caspienne.

Arsesa palus Armeniæ, le Lac d'A-stamar en Turcomanie proche de la Perse.

Arcia, Fl. Arsa Riuiere & ancienne borne d'Italie en Istrie.

Arcinoe V. Libiæ, Taochara V. de Barbarie au pays de Barca.

Artacaona V. Ariæ. Burgian V. d'A-sie en Perse.

Artasigarta, V. *Armeniæ, Manusurte* V. d'Asie sur le Tigre en Turcomanie.

Artaxata, V. *Armeniæ Teflis* V. d'Asie en Turcomanie.

Artemisium promontorium, Promontoire Occidental de l'Isle Euboée, proche duquel fut donné le premier combat de mer entre les Grecs & l'armée de Xerces Roy de Perse.

Artemita, V. *Armeniæ. Van*, V. de la Turquie d'Asie en Turcomanie

Asaria, Fl. Ommirabi, Riv. d'Afrique aux confins des Royaumes de Fez & Maroch en Barbarie.

Ascalon, V. de Iudée sur la mer patrie d'Herode meurtrier des Innocents.

ASIA, *l'Asie*, l'vne des grandes parties du Monde.

Asia-Minor l'Anatolie, province en Asie,   60.   40.

Asigramma. V. Indiæ. Multã, V. de

l'Inde en l'Empire du Mogol, sur la Riuiere Indus.

Asmerna V. *Hyrcaniæ, Asterabad* V. d'Asie en Perse.

Aspabota V. *scythiæ, Carassac* V. de Tartarie, en Zagathay sur la mer Caspienne.

Aspendus, V. *Pamphiliæ,* V. ruinée dans l'Anatolie.

Assambana, contrée de la Medie, sur les confins de la Susiane dans le Royaume de Perse.

Assyria, l'*Arzerum,* & le *Curdistan,* provinces d'Asie, aux confins de Turquie & de Perse. 82.   36. Elle a donné son nom à la premiere Monarchie du monde.

Astacaria, V. *Armeniæ, Arzac* V. d'Asie en Turcomanie.

Asta-Regia V. *Bæticæ Xeres de la frontera,* V. d'Espagne en Andalousie.

Astigis, N. *Bæticæ. Ecya* V. d'Espagne en Andalousie.

Asturcani populi Sarmatiæ Asiaticæ, aux environs d'Astracan en Tartarie, vers les Bouches du Wolga.

Asturica, V. *Hispaniæ*, *Astorga*, V. du Royaume de Leon en Espagne.

Astyphalæa, I. *Stampalia*, Isle en l'Archipel.

Athenæ, V. *Setines*, V. de Grece. Elle a esté vne florissãte Republique & tres puissante sur mer, ses Peuples ont esté les premiers ciuilisés. Ils ont fait guerre en Egipte, en Cypre, en toutes les Costes d'Asie, en Sicile, & dans la plus part des Isles de la mer Egée auec divers succes.

Athesis, Fl. **Adige**, Riv. d'Italie, se rend en la mer Adriatique.

Athos mons, en Macedoine. Il est si haut que son ombre va iusque en Lemnos: Il a esté Isolé pour vn temps par Xerces Roy Perse. On dit que ses habitãs vivent vne fois plus que les autres.

Atlas-mons, *Montes-Claros*, en Afrique.

Afrique au midy de la Barbarie.

Atria, V. *Adria*, V. d'Italie au païs de Venise, a communiqué son nom à la mer Adriatique.

Attalia, V. *Pamphiliæ Sattalie*, V. d'Anatolie sur la mer Mediterranée, donne son nom au Golphe voisin.

Avenio, V. *Provinciæ*, *Avignon*, V. de France sur le Rhosne, au au Pape.

Aventicum V. *Helvetiæ*. *Avenches*, V. de Suisse dans le canton de Bern.

Augusta Rauracorum, V. *Galliæ Augst*, V. ruinée pres de Basle sur le Rhin.

Augusta-Vindelicorum, V. *Ausbourg*, V. d'Alemagne en Soüabe.

Augustodunum, V. *Galliæ Celticæ Autun*, V. de France en Bourgogne.

Augustoritum, V. *Aquitaniæ*,

Bourges, V. de France capitale du Berry.

Aulon, V. *Macedoniæ. La Valona*, V. d'Albanie, connuë autrefois pour le passage en Italie à Otrante & Brindisi.

Auscy, V. *Aquitaniæ. Auch*, V. de France en Gascogne.

Axima, V. *Susiana. Ardgan*, V. de Perse en Chusistan.

Azotus, V. de Iudée. Elle fut prise par Psammetichus Roy d'Egypte, apres vn siege de 29. Ans.

B.

BAbylon. Ville celebre sur l'Eufrate, Capitale d'vn Grand Empire, ses Iardins en l'air & ses anciens murs l'ont fait renommer, ceux cy ont passé pour vne merueille du monde. Elle a tousiours esté l'obiet des plus grands Conquerants de l'Orient, aussi a elle esté prise par Cyrus, par Darius, par Alexandre, par

Seleucus. Alexandre le Grand y est mort. Et les enfans d'Israel y ont esté 70. ans en Captiuité. Elle est aujourdhuy en ruines & bien eloignée de la Ville de Bagdet, qui est sur le Tigre.

Babilon Ægypti V. Ville ruïnée proche du Caire en Egypte.

Babylonia. Le *Caldar* ou *Yrakeim*, Prouince d'Asie aux confins de la Turquie & de la Perse. 80. 32.

Babytace, V. *Assiriæ*, V. en la Turquie d'Asie sur le Tigre entre Mosul & Bagdet. Ses Anciens habitans auoient grand soin d'amasser le plus d'or qu'ils pouvoient: ils le mettoient en de profondes abismes, afin qu'ils ne corrompist point leurs meurs.

Bactra, V. *Bactriana. Termend*, V. du Zagathay en Tartarie.

Bactriana. le *Chouvarasan*, contrée de Perse. 107. 411. Ce fut en cette Prouince que l'on executa Beſſus, le laſche aſſaſſin du Roy Darius. Vn ſoldat y offrit de l'eau à Alexandre, lorſque l'armée Macedonienne en auoit diſette, ſes Chameaux ne boiuent que l'eau trouble.

Bæotia, Prouince de Grece aux environs de Thebes. 50. 38.

Bætica, l'*Andalouſic* & la *Grenade*, Provinces d'Eſpagne. 14. 37.

Bætis F. Hiſpaniæ, *Guadalquiuir*. Riuiere d'Eſpagne paſſe àSeville.

Bagacum V. *Galliæ Belgicæ*, *Bavay*. V. des Païs-bas en Hainaut.

Bagradas Fl. *Magrada*, Riuiere du Royaume de Tunis en Barbarie. Les Anciens diſent qu'elle a en des ſerpens qui engloutiſſoien des Taureaux entiers, qu'Attilius Regulus Romain eut beſoin de ſon armée pour en combatre vn qui eſtoit long de 120. pieds.

Balearides I. les *Iſles de Maiorque* & *Minorque*, en la mer Mediter-

ranée sur la coste d'Espagne. Elles
ont esté renommées pour l'adresse de leurs Frondeurs.

Balearis Maior, I. Isle *Maiorque.*
23. 39.

Balearis Minor, I. l'Isle *Minorque.*
24. 39.

Barce, V. *Libiæ. Barca* V. de Barbarie. On y a trouué l'vsage des
contremines par le moyen d'vne
plaque de cuiure, lors qu'elle fut
assiegée par les Perses. Cyrus la
donna à Cresus pour demeure.

Barcino, V. *Hispaniæ. Barcelone,*
V. d'Espagne, capitale de Catalogne.

Barsampsa, V. *Mesopotamiæ. Bar-
seca,* V. d'Asie en Diarbech sur
l'Euphrate.

Batava-Castra, V. *Vindeliciæ.
Passau,* V. de Baviere sur le Danube.

Belgica, Region de la Gaule vers
le Septentrion. 26. 50.

Beneventum, V. *Benevento.* V. d'Italie dans le Royaume de Naples. Proche de cette Ville Pirrhus, Roy d'Epire, fut defait par les Romains. *In Aurusinis campis.*

Berenice-Ægypti, V. *Cossir,* V. d'Egypte sur la mer Rouge, connuë pour le commerce des Indes Orientales.

Berenice, V. *Libyæ. Berniche,* V. de Barbarie au païs de Barca. Quelques vns y ont placé les Iardins Hesperides avec leurs pommes d'or.

Berræa, V. *Syriæ. Maarat,* place de Sourie proche d'Alepp.

Berythus, V. *Barut,* V. de Phenicie sur la mer Mediterranée.

Bethleem, V. de Iudée, où I.C. a pris naissance, & où arriua le massacre des Innocens.

Betsan al. Scythopolis. V. de Iudée, dont les habitans ont long-temps conservé les meurs des Scythes

les Reſtaurateurs.

Bilbilis, V. *Hiſpaniæ. Baubola*, V. ruinée proche de Calataiub en Arragon.

Bitaxa V. *Ariæ. Bugiſtan*, **V**. de Perſe en Chorazan.

Bittaba, V. *Aſſyriæ. Azanchif.* V. d'Aſie en Diarbech.

Bithynia. Burſie, contrée d'Anatolie. 58. 42.

Bithinium al.Claudiopolis. Caſtromena. V. d'Anatolie.

Bizantium, V. *Thraciæ. Conſtantinople*, V. capitale de l'Empire Turc, & auparavant ſejour de pluſieurs Empereurs Romains & Grecs.

Bocanum hemerum, V. *Mauritaniæ*, V. capitale du Royaume de meſme nom en Barbarie.

Boeotia, contrée de Grece en l'Achaie. Les anciens y ont placé deux fontaines, l'vne proche de l'autre, l'vne de memoire & l'autre de l'oubly.

Boï Pop. Germaniæ. Ceux de Bohe-
me. Sous ce nom de Boij ont pareillement esté connus, ceux du
Bourbonois en France, & ceux du
Modenois en Italie.

Bononia, *Boulogne*, V. d'Italie en
l'Estat Ecclesiastique.

Borcipe, V. *Babylonia.* *Baysach.* V.
du Coldar sur l'Eufrate, connuë
par vne victoire du grand Cyrus.

Boristenis Fl. Sarmatiæ. le *Nieper*,
Riu. de Pologne entre la mer
Noire.

Boristenes Minor, Fl. le *Pripecz*,
Riviere de Pologne entre en la
mer Noire.

Bosphorus Thracius, *Canal de la*
mer Maioure, ou destroit de Constan-
tinople, entre l'Europe & l'Asie,
Darius allant contre les Scythes y
fit vn pont pour passer en Europe.

Bosphorus Cimmerius. Destroit de
Caffa ou de Vespera: Il communique

les Palus Meotides avec la Mer Noire.

Beſtra, V. *Buſſeret,* V. de l'Arabie petrée.

Braccara Auguſta, V. *Hiſpaniæ.* *Braga,* V. de Portugal.

Branchidæ V. *Bactrianæ* Elle a eſté ruïnée par Alexandre le Grand.

Brigantium V. *Rhætiæ. Bregents,* V. d'Alemagne ſur le Lac de Conſtance, qui en emprunte quelquefois le Nom.

Britannia maior, quæ & Albion. La Grande Bretagne, la plus grande Iſle de l'Europe. 19. 52.

Brixino V. *Rhetiæ. Brixin,* V. d'Alemagne au Tirol.

Brunduſium V. *Brindiſi.* V. d'Italie en la terre d'Otrante, celebre par les embarquements qui s'y ſont faits pour la Greçe.

Brutium, la Calabre Prouince du Roiaume de Naples en Ital. 41. 39.

B v

Bucephala, V. *Indiæ*. *Lahor*, V. de l'Inde en l'Empire du Mogol.

Bulla Regia, V. *Africæ propriæ*. *Beia*. V. du Royaume de Tunis en Barbarie.

Burdegala, V. *Aquitaniæ*, *Bourdeaux*, V. de France, capitale de Güienne sur la Garomne.

Burgundiones Pop. *Germaniæ*: Ils ont habité le *Brandebourg*.

Butrotum, V. *Butrinto*, V. de Grece sur la coste d'Epire.

Byblus, V. *Pheniciæ*. *Giblet*, V. de Phenicie proche de la mer.

Byrsa. *Bersac*, quartier de l'ancienne Carthage. *Byrsa* en Grec veut dire Cüir, & Forteresse en Phenicien : ce qui a donné lieu à la Fable.

Byzacena, contrée d'Afrique fait partie du Royaume de Tunis en Barbarie. 33. 30.

C.

Cadusij *Pop. Mediæ.* Ils ont habité le *Seruan*, Province de Perse.

Cæsar-Augusta, V. *Hispaniæ.* Sarragosse, V. Capitale d'Arragon sur l'Ebre.

Cæsarea penes Anazerbum. Ainzerb, V. de Cilicie en l'Asie mineure.

Cæsarea-Stratonis. Cassair. V. de Palestine proche de la mer magnifiquement bastie par Herode en l'honneur d'Auguste.

Cæsarodunum V. *Galliæ.* Tours V. de France capitale de Touraine sur la Loire.

Caicus Fl. Mysiæ. Girmash, Riv. en l'Asie mineure.

Calagurris, V. *Hispaniæ.* Calahorra, V. aux confins de Nauarre & de Castille sur l'Ebre. Elle a esté la patrie du fameux Quintilien, & renommée pour la fidelité de ses habitans qui obligea l'Empereur Auguste de les choisir pour ses gardes du corps.

Calle V. *Hispaniæ*, petit lieu à l'embouchure du Douero, il a donné son nom au Portugal, avec la ville de Porto.

Calpe, Mons, Montagne d'Espagne proche du Destroit de Gibraltar en Andalousie.

Camarina, les Romains perdirent plusieurs vaisseaux sur la coste en leur premiere guerre Punique.

Campania, partie de la *Terre de Labeur*, & de la *Principauté Citerieure*. Provinces du Royaume de Naples. 38. 41. Elle a esté estimée le Theatre de Ceres, à cause de sa fertilité en grains.

Cana-Galileæ, V. de Palestine, ou I. C. fit son premier miracle, en changeant l'eau en vin.

Canaria I. la *grande Canarie*, la

principale des Isles de mesme nom.

Cannæ. Canna distructa, V. de la Poüille au Roiaume de Naples, celebre pour la sanglante defaite des Romains par Annibal Capitaine des Cartaginois.

Canthi Sinus, en l'Inde Golfe de l'Inde, à l'embouchure de la Riv. de mesme nom.

Cappadocia, le grand Gouuernement d'*Amasie* en l'Asie mineure. 67. 41.

Capreæ, I. Capri, Isle sur la coste du Royaume de Naples, proche de la Terre de Labeur. Elle a serui de Serrail à Tibere, & elle est connuë par la prise des Cailles & des Ortolans.

Capua. Capouë, Ville d'Italie au Royaume de Naples. Elle a esté estimée vne des trois plus grandes Villes du monde.

Caralis, V. *Cagliari* V. capitale

de l'Isle de Sardaigne.

Carambis Prom.   *Paphlagoniæ.*
Cabo Pisello, en l'Anatolie sur la
mer noire.

Caria. Aldinelli, contrée de l'A-
sie mineure.   59. 37.

Caribdis, Goufre de mer entre
l'Italie & la Sicile.

Carmania. Le *Khermon*, Prouince
de Perse.   27. 29.

Carmania Deserta. Le *Sablestan*,
Province de Perse.   99. 32.

Carmania, V. *Chermä*, V. de Perse.

Carpathus I. Scarpanto, I. en la
mer Mediterranée, renômée pour
sô Corail, le plus beau qu'ilse voie.

Carræ. V. *Mesopotamiæ. Harian*,
V. du Diarbech en la Turquie
d'Asie. Crassus y fut deffait par
les Parthes.

Cartago, V. *Cartage la grande*,
V. ruinée prez de Tunis en Barbarie. Elle a esté capitale d'vn
grand Estat, & la riuale de Rome.

Cartago-Noua, V. *Cartagena,* V.
d'Espagne au Royaume de Mur-
cie. Elle a esté colonie des Carthaginois & accompagnée d'vn
excellent port de mer.

Carura, V. *Paropomisi, Cabul,* V.
en l'Empire du Mogol.

Carystus. Caristo, V. de l'Isle Negrepont. Ses habitans iettent
leur linge au feu quand ils le veulent nettoyer.

Casope V. *Hyrcaniæ. Obscoen.* V.
de Perse.

Casperia I. Fortauentura, l'vne
des Isles Canaries.

Caspiæ Portæ in Armenia. Les
Portes de Fer, proche de Derbent
sur la mer Caspienne.

Caspiæ Portæ, pas entre la Medie
& la Parthie dans la Perse.

Caspij Pop. Mediæ, sur la mer
Caspienne.

Caspira, V. *Indiæ. sicinaket,* V.
de l'Inde vers la source de l'Indus.

Caspium Mare. la *mer de Baccu* & *de Sala.*   87. 45.

Caspius Sinus, partie de la Mer Caspienne vers le couchant.

Cassiterides Insulæ. les *Sorlinges,* al : *Silley,* petites Isles au couchant d'Hyver de la grande Bretagne.

Catana V. *Siciliæ. Catania,* V. de Sicile.

Cataracta.   les chutes d'eau du Nil aux confins de l'Egypte & de l'Ethiopie.

Catti Pop. Germaniæ. la *Hesse,* Province d'Alemagne.

Caucasus Mons Indiæ. Montagnes qui portent aujourd'huy divers noms aux confins de la Tartarie & de l'Inde.

Caucasus Mons in Amazonibus. le mont Cocase en Comanie ou Promethée, a esté placé par la fable.

Caunus, V. *Lyciæ. Anconitan,* V. d'Asie mineure sur la mer Mediterranée.

Cayſtrus, Fl. Aſiæ Minoris. Chiais, Riv. d'Anatolie.

Celenæ, V. de Phrygie aujour-d'huy ruinée vers la Riuiere de Madre, proche de là, Marſyas oſa entrer en comparaiſon avec Apollon.

Celleia V. *Norici. Cillei,* V. d'A-lemagne dans le Cõmté de meſ-nom.

Celtica, l'vne des grandes par-ties de la Gaule. 20. 48.

Celticum Promontorium Hiſpaniæ. Cap fineſterre, en Galice.

Cephalenia I. *&* V. *Cephalenie,* Iſle & Ville à l'Occident de la Grece aux Venitiens.

Centuria, I. *Lancerota,* l'vne des Iſles Canaries.

Ceraſus, V. *Ponti. Chiriſtonda,* V. d'Anatolie ſur la mer Noire. L'on dit que le nom en eſt venu aux ceriſes, Luculle en ayãt fait venir les premieres de ce païs en Italie.

Cercina, I. *Chercara*, I. en la mer Meditarranée, proche du Royaume de Tunis. Annibal s'y arresta fuyant de Cartage à Tyr, & pour oster moyen à quelques Cartaginois de decouurir sa retraite, il prit occasion de les traitter dans l'Isle, & de se seruir des voiles de leurs vaisseaux à cause du trop grand chaud.

Cerne Atlantica, I. *Madere*, Isle de la mer Oceane, au couchant de la Barbarie.

Chabata, V. *Albaniæ. Chipiche*, V. de Zuirie en Asie.

Chabora, V. *Mesopotamiæ, Alcha-bur*. V. du Diarbech sur l'Euphrate

Chalcedon. Calcedoine, V. de Bithynie sur le Bosphore, ou Darius-Histaspis fit faire vn superbe Pont, allant contre les Scythes. Comme les Calcedoniens se vantoient vn iour que leur ville avoit esté bastie dix-sept ans auant Bi-

zance, Megabyses Perſan leur dit
que ceux qui l'avoient fondée
auoient eſté bien aueugles, d'a-
voir choiſi vne aſſiette ſi peu com-
mode, à l'eſgard de celle de Bi-
zance.

Chalcis, V. *Eubœæ*. *Negroponte*, V.
en l'Iſle de meſme nom, le ſejour
& le lieu de la mort d'Ariſtote.
L'Importance de ſon aſſiette l'a
autrefois rendu fort cõſiderable.

Chaldæa. Le *Caldar*, ou *Yrakeim*,
Prouince aux confins de la Turquie & de la Perſe. 80. 32.

Characarta, V. *Bactrianæ*, V. ruïnée ſur l'Oxus, aux confins de Perſe & de Scythie.

Cheronéa, V. de Grece en Boeoce, connuë par la naiſſance de
Plutarque, par la victoire de Philippe pere d'Alexandre le Grand
ſur les Thebains & Atheniens, &
par celle de Sylla, ſur l'armée de
Mithridate Roy de Pont.

Chersonesus, c'est la Chersonese ou presqu'Isle de Thrace, dont l'isthme est de 37. stades. Dercillidas Lacedemonien y fit bastir vne muraille en moins de six mois pour garantir les habitans des courses des Thraces.

Chidorus, Fl. en Macedoine, fut espuisé par la nombreuse armée de Xerces.

Chimera, partie de la Montagne, *Cragus* en Lycie. Elle iettoit du feu & les anciens y ont feint vn monstre, par ce que la cime estoit pleine de Lyons, le milieu de chevres & le pied de Serpens.

Chios, I. & V. *Scio* Isle & V. en l'Archipel proche de l'Anatolie : Elle a esté estimée la patrie d'Homere.

Chodda, V. *Carmaniæ*. V. ruinée en Perse.

Choluata V. *Armeniæ*. Chelat. V. de la Turcomanie.

Choromitrena pars Media. *Yerak Agemi*, entrée de Perse.   89. 35.

Chrysopolis, V. de Bithinie, proche du Bosphore de Thrace. Les Roys de Perse & les Grecs y ont fait garder le tribut du païs, lors qu'ils en ont esté les Maistres.

Cidonia, *la Canée*, V. de Candie, mere de beaucoup d'autres villes.

Cilicia, partie de la Caramanie, en l'Asie mineure. 66. 37. On en veut faire venir le nom de Cilice, à cause des austerités que l'on y a autrefois exercées. Les Pyrates y ont eu leur principale retraite avant leur defaite par Pompée.

Cimmerium, V. *Crim*, V. capitale de la petite Tartarie.

Cirta Iulia V. *Numidiæ*. Constantine, Ville de Barbarie. Elle a esté le seiour des Roys de Numidie. Iugurtha l'vn d'entr'eux a esté le plus dangereux ennemy de l'Empire Romain.

Cythera, I. *Cerigo*, I. proche du Peloponese à l'entrée de l'Archipel.
Elle a esté appellée le rempart des
Lacedemoniens & la lunette de lá
mer Egée.

Claudiopolis, voyez *Bithinium*.

Clazomenus, V. *Ionia*, V. d'A-
natolie sur l'Archipel, en vne
presqu'Isle qu'Alexandre le grãd
tascha en vain d'isoler. Ce fut la
seule entreprise dont ce Monar-
que ne put venir à bout.

Clunia, V. *Hispan*. *Crunna del
Conde*, V. d'Espagne en la Castille vieille sur la Doüere.

Clusium, V. *Etruriæ*. *Chiusi*, V. en
Toscane, ancienne demeure du
Roy Porsenna. Elle a eu vn La-
birinthe.

Clypea. V. *Africæ*. *Quippia*, place
maritime du Royaume de Tunis.
La premiere conqueste des Romains en Afrique, connuë par la

defaite & prife d'Attilius Regulus
Romain, qui prefera les interefts
de fa Republique à fa liberté & à
fa vie.

Cnidus. V.*Cnido*, V. maritime de
la Doride en l'Anatolie. Les Lacedemoniens y furent deffaits fur
mer par les Atheniens fous Conon, afliflé de l'armée Nauale
d'Artaxerces Roy de Perfe. Par
cette victoire fut reftablie la liberté d'Athenes & de plufieurs
villes de Grece. Les habitans
ayans autrefois eflaié de fofloier
leur Ifthme, ils en furent deftour-
nés par l'Oracle.

Colchis. Mingrelie, contrée d'A-
fie fur le pont-Euxin. 73. 46.
La fable porte que Phryxus &
Hello furent en Colchos. 103. ans
auparauant Iafon.

Colonia-Agrippinenfis. V. *Colo-
gne.* V. d'Alemagne fur le Rhin.

Colophon, V. *Ionia*, en l'Anatolie sur l'Archipel.

Comana-Cappadociæ. V. *Veuacha*
V. d'Anatolie en Aladuli.

Comana pontica, V. *Sivas,* V. d'A-
natolie.

Complutum V. *Hispaniæ. Madrid*
V. Capitale du Royaume d'Espagne.

Connaxa V. *Mesopotamiæ.* V.
ruïnée non loin de l'Eufrate & de
Babylon, connuë par la victoire
d'Artaxerces Roy de Perse sur
son frere Cyrus, qui estoit assisté
de dix mille Grecs.

Copæ, V. *Achaiæ,* donne son nom
à vn lac ou ses habitans ont inuenté l'vsage des Rames.

Coptos. Cana, V. d'Egyte sur le
Nil, magazin des Marchandise
des Indes que l'on faifoit venir
par les Golfe d'Arabie à Berenice.

Corax, Montagne en Comma
nie entre le Pont Euxin & le Dom
Corbila

Corbilo, V. *Gallia. Nantes*, V. de France en Bretagne , l'vne des plus anciennes de la Gaule.

Corcira, I. & V. *Corfou*, I. & Ville au couchant de la Grece , autre-fois considerable par sa puissance de mer. Quelques-vns en veulent faire venir le nom de Corsaires.

Corduba, V. *Bætica. Cordoue*, V. d'Espagne en Andalousie , patrie de deux fameux Poëtes Seneque & Lucain ; & du grand Seneque le Philosophe.

Corfinium, V. *Italia. Pentina*, V. ruïnée en Abruzze , Province du Royaume de Naples.

Corinthus, V. *Corinte*, V. de Grece à l'entrée du Peloponese. A esté capitale d'vn Royaume, son assiette l'a fait appeller le marché de la Grece, & ses anciens habi-tans ont inventé les Galeres Grecques. On la nommée la Ri-che, & les Romains l'ayant bruslée

C

il sortit du meslange de ses metaux, ce precieux monstre qui a retenu le nom de cuivre de Corinthe.

Coronea, V. de Boeoce, où Agesilaus desfit les Thebains.

Corsica, I. *L'Isle de Corse.* 42. 41.

Corycus, V. *Ciliciæ. Curco*, V. 8 forteresse en Caramanie sur la coste.

Cos, I. *Lango*, I. en l'Archipel proche de l'Anatolie. Patrie d'Hipocrate & d'Apelles. Les enuieux d'Hipocrate disent que toute sa science est venuë des receptes dont on faisoit le rapport dans le Temple d'Esculape. Apelles obseruoit la proportion en ses ourages, au lieu que Zeuxis faisoit ses figures plus grandes que le naturel, pour donner de la Majesté L'Inuention de se seruir des vers soye a esté trouuée en cette Isle par vne fille.

Cosa. Cassano, V. de Calabre ou Milon fut tué d'vn coup de tuile, comme il vouloit remuer en faveur de Pompée.

Cossyra, I. *Pantalarea*, I. en la mer Mediterranée proche du Royaume de Tunis.

Cossæi Pop. Mediæ, en Perse aux confins des Provinces d'Yerak & de Chusistan.

Cottobara, V. *Gedrosiæ*, V. ruïnée en Perse proche de l'Inde.

Cotyæum, V. *Phryhiæ. Chioutaye*, Ville d'Anatolie.

Cremera. Varcafossa, Ruisseau au voisinage de Rome, proche duquel furent deffaits les trois cens Fabiens.

Cremona V. *Italiæ. Cremone*, V. d'Italie dans le Milanez.

Creta, I. *Candie*, I. Celebre en la mer Mediterranée. 53. 34.

Crotona, V. *Cotrone*, V. d'Italie en Calabre, connuë pour son bon air & pour ſes Athletes.

Cteſiphon, V. *Babyloniæ*. On l'eſtime la *Bagdet*, Ville celebre ſur le Tigre.

Cuiſa, V. *Mauritaniæ*. *Oran*, V. d'Afrique ſur la coſte de Barbarie.

Cuma, V. *Æoliæ*, dans l'Aſie mineure ſur la coſte, renommée pour la Sibylle.

Curia, V. *Rhætiæ*. *Coire*, V. capitale des Griſons.

Cybros, V. *Syriæ*, *Quennaſtrin*, V. de Sourie entre Antioche & Alep.

Cyclades Inſulæ. Les Iſles de l'Archipel qui ſont du coſte de la Grece.

Cydnus, *Fl. Ciliciæ*. *Caraſu*, Riv. d'Anatolie. Alexandre le Grand s'y eſtant baigné, il contracta vne fievre, dont il fut en danger de mort, à cauſé de ſes eaux exceſſiuement froides.

Cyprus, I. *Cypre*, Iſle en la mer

Mediterranée. 65. 35. Elle eſt l'vne des plus fameuſes du monde.

Cyrenaica ſeu Pentapolis Libyæ. *Meſrata* ou *Corene*, partie du païs de Barca en Barbarie. 49. 29.

Cyrene, V. *Carvenna,* V. du Barca en Barbarie, a eſté capitale d'vne Pentapole & d'vn puiſſant Eſtat en Libye.

Cyropolis, V. *Mediæ.* V. ruinée en Perſe ſur la mer Caſpienne.

Cyrus Fl. *Mediæ. Korc,* Riv. de Perſe ſe rend en la mer Caſpienne.

Cyteorum, V. *Ponti. Lavara,* V. d'Anatolie ſur la mer Noire. Les dix mille Grecs en leur fameuſe retraitte cõmencerent d'y prendre la commodité de la mer, pour ſe rendre en leur païs.

Cytæum, V. *Candie.* V. capitale de l'ſle de meſme nom.

Cyzicus. Chizico, V. de l'Hel-

lespont estimée pour l'excellence
de son Gouuernement & de sa
Police, & pour vne Monoye dont
on veut faire venir le nom aux Se-
quins. Les Atheniens sous Miltia-
des y ont remporté vne victoire
sur les Lacedemoniens, sous
Mindarus, qui fut tué dans le
combat.

D.

*DAcia. Transsilvanie, Valachie,
& Moldavie*, païs d'Europe,
48. 47.

Dalmatia. Dalmatie, Province
d'Europe sur le Golfe de Venise,
44. 43.

Damascus, V. *Damas*, V. Capitale de Phenicie, considerée pour
sa belle assiette, qui outre plusieurs Epithetes auantageux, a eu
celuy de Paradis du monde. La
conversion de S. Paul s'est faite
en son voisinage. Les Turcs & les
Arabes luy donnent d'autres

noms. Apres la iournée d'Iſſus
gagnée ſur les Perſes, Alexandre
le grand y trouva 200600. Talens
monoyés, & 500000. Talens non
monoyés.

Danubius, Fl. Le *Danube*, la plus
grande Riviere d'Europe, ſe rend
en la Mer Noire. Voyez *Iſter*.

Daphne. le Fauxbourg de la
grande Antioche en ſourie, qui
en a eſté appellé, *Epidaphne*. Il a
eſté l'vn des plus delicieux lieux
du monde, & comparé à la vallée
de *Tempe*.

Daſcuſæ. V. Arm. Minoris. Aſcoz
V. d'Anatolie ſur l'Eufrate.

Decelia, Fortereſſe d'Achaïe
en Grece, dreſſée par les Lacedemoniens, de l'aduis d'Alcibiades,
pour incommoder Athenes.

Delos. Sdille, I. en l'Archipel celebre par la naiſſance d'Apollon,
& de Diane, ce qui obligea Iuppiter à la rendre ſtable, au lieu

qu'auparauant elle estoit flo-
tante.

Delphi, V. de Grece, renommée
pour son assiette. Pour le temple
& l'Oracle d'Apollon, & pour ses
richesses immenses.

Delta. La Basse Egypte, renfer-
mée entre les principaux bras du
Nil.

Dertosa V. *Hispaniæ. Tortose*, V.
d'Espagne en Catalogne sur
l'Ebre.

Diomedæ. I. Les Isles *Tremithi*,
proche d'Italie en la mer Adriatique.

Dioscurias al. *Sebastopolis. Sava-
topoli*, V. de Mingrelie, proche de
la mer noire.

Diospolis al. *Thebæ. Sakid*, ou *Thebes*, Cent portes V. de la haute
Egypte sur le Nil.

Dium. V. de Macedoine.

Diuodurus V. *Galliæ. Mets*, V. de
Lorraine.

Dodone. place en Epire, celebre pour le plus ancien Oracle de la Grèce. On dit que Deucalion s'y retira pendant le Deluge, & quelle a eu deux fontaines, avec des particularitez merveilleuses.

Dores. Val de Livadie en Grece. Les Atheniens faisant guerre côtre ces peuples, ils demeurerent victorieux par la mort de Codrus, leur Chef & dernier Roy qui se deuoüa pour sa patrie. En cette Doride de Grece est la ville d'Erineum, la Mere ville de Lacedemon.

Doris, contrée maritime de l'Asie mineure peuplée par les Lacedemoniens. 57. 36.

Drabiscus, V. Macedoniæ. Ville où Xerces, fit la reueuë de sa nombreuse armée de terre.

Drangiana. Le *Sigistan,* contrée de Perse. 105. 32.

Drauus Fl. Norici & Pannoniæ.

Le *Drave*, Riviere, se rend dans le Danube.

Drepsa, V. *Sogdianæ*. V. de Tartarie en Zagathay.

Drillæ Populi, aux confins de l'Asie mineure & de l'Armenie, prez Trebisonde , grands voleurs sur toute chose.

Dubris, V. *Britanniæ maioris*. *Douvres*, V. & port de mer en Angleterre.

Durius Fl. *Duero*, Riviere d'Espagne, se rend en la mer Oceane.

Durouernum, V. *Cantorberi*. V. d'Angleterre.

Dyrrachium, V. *Macedoniæ*. V. de Grece en Albanie. Elle fut la cause de la guerre du Peloponese. Les Corfiots l'ayant prise malgré l'opposition des Corinthiens Iules Cesar & Pompée y ont campé en presence l'vn de l'autre.

E.

Eblana V. *Luernia*. *Dubliu,* V. capitale d'Irlande.

Ebrodunum V. *Provincia*. *Embrun,* V. de France en Dauphiné.

Ebusus, I. *Ivica,* Isle en la mer Méditerranée sur la coste d'Espagne.

Ecbatana, V. *Media*. *Casbia,* V. de Perse en la Province d'Yerak. Elle a seruy de seiour aux Rois des Medes. Cambyses s'y blessa à mort en montant à cheval, on dit quelle estoit ceinte de sept murailles, dont les creneaux estoient tous differens, blancs, noirs, de pourpre, bleus, orangés, argétins, dorés. Parmenion y fut tué par ordre d'Alexandre & Epheftion y mourut. Ce fut aux funerailles de ce favori que l'on despensa par ordre du Roy plus de douze mille talens, c'est à dire douze mille, fois six cent escus.

Edessa, V. *Mesopotaniæ. Orfa,* V. du Diarbech.

Elæa, V. *Mysiæ. Elea.* V. de l'Asie mineure sur l'Archipel.

Elæus, V. en la Chersonese de Thrace, d'où Alexandre le Grãd passa en Asie sur des vaisseaux.

Elana, V. *Eilan,* de l'Arabie petrée sur la mer Rouge.

Elatæa, V. *Phocidis. Elatée.* V. de Grece.

Elephantina, I. l'Isle, *Elephantine,* formée par le Nil dans l'Egypte, aux confins de l'Egypte.

Eleus, voyez *Elæus.*

Eleusis, V. de Grece entre Athenes & Megare, celebre pour les mysteres de la Deesse Ceres.

Eliberis, V. *Bæticæ. Grenade.* V. capitale du Royaume de mesme nom en Espagne.

Elis V. *Peloponesi. Elide.* Ville de la Morée, a eu ses Rois particuliers, & entr'eux Augias, qui fut defait par Hercule, parce qu'il ne vouloit pas tenir sa promesse, apres que celuy-cy eut netoyé ses Escuries.

Elorus, Fl. Siciliæ. *Abilo*, petite Riv. où l'on dit qu'autrefois il y a eu des poissoins priués, qui mangeoient à la main des hommes.

Elusa, V. *Aquitaniæ. Eause*, V. de France en Gascogne.

Emerita Augusta V. *Lusitaniæ. Merida*, V. d'Espagne sur la Guadiane, superbement bastie.

Emisa, *V. Syriæ. Hemz*, V. de Sourie.

Enoch, *V.* aux confins de Iudée & de Phenicie, la plus ancienne du monde, bastie par Caïn.

Ephesus. Efeso, V. d'Ionie en l'Asie mineure, connuë pour le Temple de Diane, l'vne des sept merueilles du monde. Erostratus le brusla la mesme nuit que nasquit Alexandre. La statuë de Diane qui

est à Paris dans le Louvre, est estimée celle de ce Temple.

Epidaurus V. *Raguse*, V. de Dalmatie sur le Golfe de Venise.

Epidaurus V. *Peloponesi*. V. renommée pour le Temple d'Esculape.

Epirus. *Canina*. Province de
Grece. 46. 39. L'Epire a eu ses
Rois beaucoup renommez en
l'Histoire.

Eretrià V. *Eubœæ*. V. du Negrepont.

Erythræ, V. d'Ionie en l'Asie
mineure sur la Mer, sejour d'vne
Sybille.

Euboea, I. *Negrepont*. Isle en
l'Archipel, proche de la Grece.

Evenus, Fl. *Achaiæ*. Ce fut au
passage de cette Riv. qu'Hercule
tua le centaure Nessus, qui vouloit forcer sa Deianire.

Euergetes Pop. Arachosiæ, proche
de *Candahar*, aux confins de Perse

& de l'Inde.

Eufrates, Fl. *Frat,* fameuse Riviere en la Turquie d'Asie. Elle est estimée l'vne des 4. du Paradis Terrestre.

Eulæus, Fl. *Susianæ. Tiritiri,* Riv. de Perse dans le Chusistan.

Euripus. Le *Golfe de Negrepont,* Destroit de mer entre la Grece & l'Isle de Negrepont. On dit qu'il y a eu fllux & reflux sept fois en 24. heures, ce qui n'arrive aujourd'huy que quatre fois. On dit qu'Aristote s'y precipita, parce qu'il vieillit & mourut en la ville de Chalcis.

EVROPA. *L'Europe,* l'vne des grandes parties du monde.

Europus V. *Mediæ: Busian.* V. de Perse proche de Hrey.

F.

Fortunatæ Insulæ. Les *Isles Canaries,* en la mer Oceane aux couchant de l'Afrique. 5. 27.

Franci-Pop. Germaniæ. Entre le Rhin, le Mein & le Veſer.

Fretum Gaditanum. Le *Deſtroit de Gibraltar*, entre l'Eſpagne & la Barbarie. Il communique les mers Oceane & Mediterranée.

Fretum Oceani. Le *Pas de Calais*, entre la France & l'Angleterre.

Fretum-Siculum. Le *Far de Meſſine*, entre l'Italie & la Sicile.

Friſii Populi Germaniæ. Ceux de *Friſe*, ſur la mer d'Alemagne.

Fucinus Lacus in Samnio. Le *Lac Celano*, en Abruzze dans le Roiaume de Naples. L'Empereur Claudius le fit autrefois communiquer au Garigliano, ayant fait eſplaner vne montagne, ce qui fut vn ouvrage de 30. mille hommes, l'eſpace d'vnze ans.

G.

Gabæ V. *Mediæ. Hiſpaham*, V, capitale de Perſe.

Gabæ, V. *Sogdianæ.* V. du Zagathay

en la grande Tartarie. Alexandre y fit mettre vn soldat en son
siege Royal, pour le delasser d'v-
ne longue & penible marche.

Gabale V. *Media.* *Samachi*, V.
de Perse en la Province de Servan.

Gabÿ, V. ruinée proche de Rome. *Hosteria di Finochio*, vers Fras-
cati. Elle fut prise par le stratage-
me du fils de Tarquin le Superbe,
dernier Roy des Romains. Il fit
feinte d'auoir esté mal traicté du
Roy son pere, afin que les habitãs
eussent confiance en luy. Lopyrus
& Pisistrate en vserent de mesme,
pour venir à bout le premier de
Babilon & l'autre d'Athenes.

Gabris, V. *Media.* *Tauris.* V. de
Perse en Servan.

Gades, I. *&* V. *Calis*, I. & Ville
d'Espagne, sur la coste de l'Andalousie en l'Ocean.

Gaditanum-Fretum. Voyez, *Fre-*

tum Gaditanum.

Gætara, V. Albaniæ, Zitrach, V. en Zuirie sur la mer Caspienne.

Gætuli Pop. Africæ. Le *Bile d'Vlgerid*, & le *Zaara* en partie contrée d'Afrique. 35. 23.

Galatia. Le *Chiangare*, Province de l'Asie mineure. 63. 42.

Galla V. *Mediæ*. Gacebar. V. de Perse en Gueilan.

Gallia. La France, Royaume le plus considerable de l'Europe. 20. 46. Outre la France, la Gaule a compris les Païs-Bas Catholiques, la Lorraine, la Franche Comté, la Suisse, la Savoye, & partie d'Alemagne.

Gallia-Cisalpina. La *Lombardie*, contrée d'Italie.

Gandaræ Pop. *Indiæ*. *Cassimere*, Royaume de l'Empire du Mogol vers le commencement de l'Indus.

Gangara, V. *Paphlagoniæ*. Ca-

ſtomoni, V. d'Anatolie.

Gangaridæ. Pop. Indiæ. Ils ſont bien auant au delà de l'Indus.

Garamantes Pop. Africæ. Les Royaumes de *Borno* & de *Gaoga*, auec partie du Zaara. 43. 24. Les habitans y vivoient en commun, & reconnoiſſoient pour enfans ceux qui leur reſſembloient.

Garumna, Fl. *Galliæ. La Garomne,* Riviere de France en la Guienne.

Gaugamela. Bourgade d'Aſſirie prez d'où Alexandre le Grand gagna la iournée d'Arbele; il y fit demeurer 400. mille Perſes ſur la place, & il perdit ſeulement 300. Macedoniens.

Gaulos, I. *Gozo,* Iſle en la mer Mediterranée proche de Malthe.

Gaza, V. de la Iudée, ou les Perſes ont gardé vne partie de leurs Treſors. Alexandre le Grand a eſté bleſſé devant; & Sanſon le Fort y eſt mort.

Gedrosia. Le *Mackeron*, & le *Cirsan*, Province de Perse.   106. 28.

Genabum, V. *Galliæ Celticæ.* Orleans, V. de France sur la Loire.

Genua, V. *Liguriæ.* Genes, V. d'Italie, capitale de sa Republique.

Gergovia, V. *Galli*, Clermont, V. de France en Auvergne, beaucoup forte & celebre dans les guerres de Cesar, elle eut la resolution de resister à ce grand Capitaine, qu'elle vit retirer de devant ses murailles.

Germa V. *Galatiæ. Erma*, V. d'Anatolie.

Germania. L'Alemagne. 32. 51.

Germano-Sarmatia. La Pologne. 50. 50.

Gerra, V. *Elcatif*, V. en l'Arabie Heureuse sur le Golfe de Perse.

Getæ Pop. Ont habité la Dace. 48. 47.

Gimnosophistæ. Les *Brachmanes*, peuples de l'Inde.   116. 28.

Gindes Fl. *Mesopotamia.* Zab. Riv. en Diarbech.

Gnidus, V. de la Doride. *Gnido*, en l'Anatolie sur la Coste de l'Archipel. Conon restablit les affaires des Atheniens par la victoire Navale, qu'il y remporta sur les Lacedemoniens à l'aide des Perses.

Gnossus, V. *Creta. Cinossa* V. en l'Isle de Candie.

Gomphi, V. *Thessalia.* V. prise par Iules Cesar, apres la retraite de Dyrrachium, & donnée au pillage à ses soldats, pour intimider les autres Villes.

Gordium, V. de Phrygie ou Alexandre le Grand coupa le nœud Gordien.

Gortyna. Grotina, V. en l'Isle de Candie.

Granicus, Fl. de l'Hellespont, connu par la premiere victoire d'Alexandre le Grand, sur les

Perses qui perdirent vingt mille
hommes.

Gyaros, I. *Chiero.* I. en l'Archipel, elle a autrefois veu deloger
ses habitans, à cause des rats, qui
les ayant chassés rongerent à la fin
lefer.

H.

Aliartus, V. *Boeoliæ* Lysander
Lacedemonien , celuy qui
soumit les Atheniens fut tué deuant cette place.

Halicarnaffus, V. de Doride, ou
estoit la fontaine Salmacis & l'vne
des sept merveilles du monde , le
Mausolée basti par Artemise en
memoire de son mari Mausolus.

Halys, Fl. *Lalli.* Riviere de l'A-
sie mineure, borne des Estats de
Cyrus & de Cresus. Celuy cy mar-
chant contre les Perses , fit de-
stourner la Riviere par le Conseil
de Thales & son armée, qui l'a-
voit en face l'eut à dos.

Hamaxobÿ Pop. Sarmatiæ Euro-
pea. *Le pays de Vorotin*, en Mofco-
uie.

Harmufia, V. *&* I. *Ormus*. I. &
Ville à l'entrée du Golfe de Perfe.

Hecatompylon V. *Parthiæ*. V. ruïnée en Perfe.

Heliopolis, V. *Egypti*. Elle a eu
en fon voifinage la plante du vray
Baume, que Cleopatre y fit porter
de Iudée du confentement de
Marc Anthoine.

Heliopolis, V. *Phenicia*. *Raalbec*,
V. de Phinicie.

Hellefpontus, contrée de l'Anatolie, fur le deftroit de mefme
nom.

Hellefpontus. Le *Deftroit de Gal-*
lipoli ou *des Dardanelles*, entre
l'Europe & l'Afie. Darius y re-
paffa d'Europe en Afie à fon retour de Scythie, & Xerces y fit faire vn pont de fix cens feptante
galeres. Voyez, Abydus.

Helos, V. maritime du Peloponese a communiqué son nom aux valets des Lacedemoniens, en memoire de la sujetion des Hilotes.

Heluetÿ Pop. Galliæ. Les Suisses 29. 47.

Hemona V. *Pannoniæ. Laubach.* V. d'Alemagne en Carniole.

Heraclea Ponti, V *Penderachi*, V. de l'Anatolie sur la mer Noire.

Heraclea Thraciæ. V. de Romanie sur le Propontide.

Hercinia-Silva. La *Forest Noire*, en Alemagne.

Hermea Prom. Africæ. Cap bon, au Royaume de Tunis.

Hermiones Pop. Germaniæ, entre l'Elbe & le Veser.

Hermus, Fl. *Sarabat.* Riv, de l'Asie mineure proche de Smirne.

Heroopolis, V. *Sues*, V. d'Egipte au bout de la mer Rouge.

Hetruria al. *Tuscia.* La Toscane,
contrée

contrée d'Italie. 34. 43.

Hiera, I. *Maretamo*, l'vne des Isles Ægades au couchant de la Sicile, où Catulle Romain defit les Carthaginois en vne Bataille Nauale.

Hierofolima. Ierufalem. V. capitale de la Terre-Sainte renommée pour la grandeur beauté & richeſſe de ſon Temple, pour ſes Roys &c. Elle a efté ruinée par Nabuchodonoſor & par les Romains ſous Veſpaſian & Tite. Ceux ci y firent mourir de faim iufquesà vnze cent mille hommes.

Hipporegius, V. *Numidiæ Bŏne*, V. de Barbarie ſur la mer Mediterranée, elle a efté le titre Epiſcopal de S. Auguftin.

Hiſpalis, V. *Bæticæ. Seuille*, V. d'Eſpagne capitale de l'Andalouſie. *Hiſpania. L'Eſpagne*, Region la plus Occidentale de l'Europe. 15. 40.

Hoermus mons Traciæ. Cadena del

Mondo. montagne au Septentrion de la Romanie.

Hybla mons Sicilia, renommée pour son bon miel.

Hydaspes, Fl. *India. Raucy.* Riv. se rend dans l'Indus.

Hydrus Otranto, la plus Orientale ville de l'Italie connuë pour son passage en Grece.

Hypanis Fl. *Germano-Sarmatia.* Le *Bog.* Riuiere de Pologne.

Hypata, V. de Thessalie connuë dans l'asne d'or d'Apulée.

Hyphasis, Fl. *India. Cul.* Riv. en terre ferme de l'Inde.

Hyrcania. Le *Tabarestā,* Prouince de Perse sur la mer Caspienne.

95.   42.

Hyrcania. V. *Gorgian,* V. de Perse.

Hyrcanus sinus, partie de *la mer* Caspiëne, vers les bouches de l'Oxus.

I.

I*Amno*, V. *Citadelli.* V. en l'Isle Minorque.

Iasonium, V. *Margiana. Girgian.* V. de Perse aux confins du Zagathay.

Iaxarta, Pop. *Scythie*, aux enuirons du Chesel en la grande Tartarie.

Iaxartes, Fl. qui & *Tanais.* Chesel. Riv. de Tartarie.

Iaziges Cimmerij. La *petite Tarrie*, en Europe. 62. 50.

Iaziges metanasta. La *Haute Hongrie.* au Septentrion du Danube.

Iberia. Gurgistan, ou Georgie, pays d'Asie. 75. 47.

Iberus, Fl. *Ebro.* Riv. d'Espagne se rend en la mer Mediterranée: à borné pour vn temps les Empires de Rome & de Cartage.

Icaria. Nicaria, I. en l'Archipel du costé de l'Asie, Elle porte le nõ

D

d'Icarus, que sõ vol temeraire, ou pluftoft fõ naufrage precipita en Mer.

Iccius Portus, V. *Belgicæ. Boulogne,* V. & port de mer en Picardie.

Iceni. Pop. Brit. maioris. Les Comtés de *Norfolk,* & *Suffolk,* en Angleterre.

Iconium, V. *Lycaoniæ Cogni.* V. d'Anatolie.

Ida, montagne de Phrygie, proche de Troie, celebre par le Iugemét de Paris touchant la Pomme d'Or.

Ierico, V. de Iudée, la premiere qui fut prife par les Ifraëlites, Iofué en ayant fait tomber les murailles.

Ierufalem, voyes *Hierofolima.*

Igilgili, V. *Mauritaniæ Sitifenfis. Gigel.* V. de Barbarie au Royaume d'Alger.

Ilerda, V. *Hifpaniæ. Lerida.* V. d'Efpagne en Catalogne.

Ilipa-Italica, V. *Bætica. Sevilla*

Iaueia, V. ruinée en Andaloufie, proche de Seuille,

Illiris.L'*Efclauonie*.Region d'Europe. 42. 44.

Ilua, I. L'Ifle *d'Elbe*. fur la cofte de Tofcane en Italie. Elle fournit de la pierre d'Aimant.

Imaus mons. Fameufe montagne de la Scythie en Afie.

Imbrus, I. *Lembro*, I. en l'Archipel vers les Dardanelles.

India.L'*Inde*. Pays d'Afie. 117. 35.

Indo Scythia.Partie de l'*Empire du Mogol*, aux enuirons de la Riuiere Indus.

Indus, Fl. l'*Inde*.Riuiere au pays de mefme Nom.

Iolcos, V. de Grece en Theffalie où s'embarquerét les Argonautes pour aller en Colchos à la côquefte de la Toifon d'Or.

Ionia, contrée de l'Afie mineure fur l'Archipel elle a efté peuplée par les Atheniens.

Ioppe *Ioffa*, V.　de Iudée le plus
ancien port du Monde, où s'em-
barqua Ionas & de puis la Magde-
laine auec sa sœur Marthe & son
frere le Lazare. Salomon y faisoit
aborder les materiaux pour la cõ-
structiõ du Temple de Ierusalem.

Iordanis, Fl. le *Iordain*, Riv.
en la Iudée. Il est celebre pour le
passage des enfans d'Israël à pied
iec, & pour le Baptesme de Nostre
Seigneur par S. Iean Baptiste.

Iria flauia V. *Hispaniæ* Cõpostelle,
V. d'Espagne capitale de Galice.

Iris Fl. *Ponti.* Casalmach, Riv.
en l'Asie mineure.

Isara, Fl. *Prouinciæ* l'Isere, Riv.
en Dauphiné proche de cette Riuiere les Cimbres furent deffaits
par Marius.

Issedones, Peuples de Scythie au
dela de l'Imaus.　128.　51.

Issus. Laiazzo, V. de Cilicie

renómée pour plusieurs Batailles,
Alexandre-le Grand y deffit Darius en persóne Ventidius-Bassus
y à souuent deffait les Parthes,
l'Empereur Seuere , y a vaincu
Pescenninus-Niger son riual à
l'Empire.

Ister. Fl. qui & *Danubius.* Le *Da-*
nube, borne de l'ancien Empire
Romain vers le Septentrion.

Istria L'Istrie, prouince d'Italie.
37   46.

Ithaca, I. *Valcompare*, Isle au
couchãt de Grece pres Cefalenie,
le Royaume d'Vsille & le sejour
de Penelope.

Ithome, forteresse des Messeniés
dans le Peloponese renómée par
les combats entre les Messeniens
& les Lacedemoniens aux premieres guerres ciuiles des Grecs.
Les Lacedemoniens l'ont assiegée
19. ans, auant que de la pouuoir
prendre & ils furent obligés de

renuoier les plus ieunes d'entre eux à leurs Femmes.

Iudæa.   65.   31.   la *Terre-Ste.* Terre de Chanaan, Terre des Hebreux, Terre des Israëlites, & Palestine. Ses diuisions plus ordinaires ont esté en vnze Peuples: en douze Tribus: en douze Gouuernements: en deux Royaumes: en six Prouinces: en trois Prouinces Romaines.

Iuernia. L'*Irlande*, l'vne des plus grandes Isles d'Europe.   12. 53.

Iuernis, V. *Donekine,* V. en Irlande.

Iulia-Cesarea, V. *Mauritania. Tenés,* V. d'Afrique au Royaume d'Alger.

Iuliomagus. Angers, V. de Frāce capitale de la prouince d'Anjou.

Iuronia, I. l'vne des deux *Isles Sauuages,* qui sont au Septentrion des Canaries.

Iupiter Ammon, voyés *Ammon.*

Iluauum, V. *Norici. Saltzbourg.*
V. d'Alemagne.

L.

LAbona, V. *Mesopotamia. Mo-*
soul, V. du Diarbech. sur le
Tigre.

Laconia. Tzaronie. Prouince du
Peloponese. Les habitãs y ont esté
en reputation ou de tuer leurs
Ennemis, ou de mourir. On a e-
stimé leur stile de parler & des-
crire pour la brieueté.

Lamia, V. de Grece en Thessalie a donné son nom à vne fameuse guerre entre les Grecs.

Lampsacus. Lampsicos. V. de l'Hellespont conseruée par l'adresse
d'Anaximene qui demanda la destruction de sa ville à Alexandre
le Grand tout au contraire de ce
que ce Prince esperoit, lors qu'il
iura de ne rien accorder à Anaximene de sa Requeste. Sa prise
par Lysander fauorisa la grande

victoire de ce Capitaine sur les Atheniens.

Laodicæa, V. *Phrygiæ.Laudichia,* V. d'Anatolie.

Laodicoa scabrosa, V. *Syriæ. Laudica,* V. de Sourie.

Lapithus V. *Cypri. Pentaia,* V. maritime en l'Isle de Cypre.

Larissa, V. *Thessaliæ. Larisse,* a esté la Patrie d'Achille.

*Latium.*La *Campagne de Rome* en Italie.   37.   42

Latmus, montagne de Carie en l'Asie mineure, renommée par les amours de Diane & d'Endimion.

Lauriacum, V. *Norici. Lorch.* V. ruinée en la haute Austriche.

Legio, V. *Hispaniæ. Leon.* V. capitale du Royaume demesme nom en Espagne.

Lenos, Stalimene. Isle en la mer Egée au midi de laTrace.Elle alaparticularité de fournirla terreSallée.

Leontini. Lentini, V. de Sicile.

Leptis magna. Lebeda, V. d'A-
frique au Royaume de Tripoli.

Leria. Lero, I. en l'Archipel elle
fournit de l'Aloe.

Lesbos. Mitilene. Isle en l'Archipel
proche de l'Asie mineur, renommée pour ses bons vins, pour la fameuse Sapho, pour Arion. &c.

Lethes, Fl. Hispaniæ, Lima. Petit
fleuue aux confins de Portugal &
de Galice, celebré pour le fleuue
de l'Oubly.

Leucas, I. & V. *Saicte-Maure,* I.
& ville proche & au couchant de
la Grece.

Leuctra, V. de Grece en Boeotie
ou Epaminondas Thebain matta
les Lacedemoniens.

Libanus, Mons, aux confins de
Palestine & Phenicie, renommé
pour ses Cedres & pour sa haute
Tour dont la beauté estoit telle
que la face de l'Espouse luy est
comparée en l'Escriture Ste.

D vj

Liburnia, contreé de *l'Illirie*, aux enuirons de *Zaara*, en Dalmatie sur le golfe de Venise.

Libya Exterior. Le *Royaume* & *le Desert de Barca*, en Barbarie.   50.   28.

Libya Interior. Le *Biledulgerid*, & le *Zanra*, en partie de l'Afrique.   35.   23.

Libya propria. Le *Gouuernement de Bouhera.* &c. au pays de Barca en Barbarie.   55.   29.

Ligeris, Fl. *Galliæ.* La *Loire.* Riuiere de France.

Liguria. La *Coste de Genes*, en Italie.

Lilybæum, prom. Capo di Bacco, o di *Marsalla*, au couchãt de la Sicile.

Linchestæ, Pop. Macedoniæ, Peuples fameux dans la guerre d'Alexandre.

Lipara, I. *Lipari*, I. de la mer Mediterranée au Septentrion de la Sicile.

Lissus, V. *Illirici. Alessio*, V. en

Albanie.

Lixos V. de Mauritanie.

Larache, V. du Royaume de Fez. Les Anciens en ont fait le sejour d'Antée & ils y ont placé les Iardins Hesperides.

Londinium, *V. Britanniæ Maioris*, *Londres*, V. capitale d'Angleterre.

Longobardi, *Pop. Germaniæ.* ont donné nom aux Lombards, qui establirent leur Royaume en Italie.

Lopaduſa. Lampadoſa, I. en la mer Mediterranée ſur la coſte du Royaume de Tunis.

Lotophagites, al. *Meninx*, *Zerbi*, Iſle aux confins des Royaumes de Tunis & Tripoli, patrie des Anciens Lotophages, qui par le moyen de leur fruit firent oublier aux compagnons d'Vliſſe le ſouuenir de leur patrie. Les Habitans en font encor auiourd'huy d'excellent Hidromel. Les Romains y

perdikent plusieurs vaisseaux en
leur premiere guerre Punique.

Luca. Lucques. V. d'Italie en
Toscane. Iules-Cesar, Pompée
& Crassus y contracterent leur
Ligue.

Lucania. La *Basilicate*, Prouince
du Royaume de Naples en Italie.

Lucus asturum, V. *Hispaniæ, Oui-
edo,* V. capitale d'Asturse en Espagne.

Lucus Augusti, V. *Hispaniæ, Lugo,*
V. d'Espagne en Galice.

Lugdunum, V. *Galliæ Celticæ.*
L[illegible] V. de France a esté si celebre, qu'elle a donné le nom de Ly-
onnoise à la Gaule Celtique.

Lugdunum Batauorum, V. *Galliæ,*
Belgicæ. Leydem V. de Holande.

Lugÿ, Pop. Germaniæ, en Pologne
sur les confins d'Alemagne.

Lusitania. Le *Portugal,* & partie
de Castille.   12.   39.

Lutetia, V. *Galliæ. Paris,* V. capitale du Royaume de France.

Lybiſſa, V. de Bithynie. Lieu de la ſepulture d'Hannibal, qui fut deceu par l'Oracle, en croyant que la terre Lybiſle fut vne terre d'Afrique d'ou pour cét effet il fuioit comme luy deuant eſtre fatale.

Lycaonia, partie de *l'Anactole*, prouince de l'Aſie mineur. 63. 39.

Lycia. Le *Menteſeli.* contrée de l'Aſie mineure. 61. 37. Les Lyciens portoient le nom de leurs Meres, & ils eſtoient Gentilhommes quand elles eſtoient Nobles.

Lycus, *Fl. Aſſiriæ*, Riuiere en la prouince d'Arzerum.

Lydia. Le *Sarchan.* contrée d'Anatolie. 59. 39. renommée pour les grandes richeſſes de ſes Roys, Les Lydiens ont les premiers battu monnoye d'Or & d'Argent. Pour

mieux supporter vne disette de
viures. Ils ont inuenté plusieurs
Ieux, entr'autres celuy des Dames, celuy de la Balle, celuy des
Dez, & autres, & pour supporter
plus aisement leur necessité on
dit qu'ils ioüoient vn jour entier
afin que l'ardeur du Ieu leur o-
stat le souuenir de manger &
puis vn autre jour ils prenoient
leur nourriture; ce qu'ils prati-
querent l'espace de 28. a ns iusque à ceque se lassans d'vne telle
vie, Ils enuoierent la moitié de
leur gens sous Tyrrenus, l'vn des
fils du Roy, qui en fit vne Colonie
en Italie, ou nous voions aujour-
d'huy la Toscane : on raporte à
peu pres la mesme chose de Drac,
fameux capitaine Anglois, reue-
nant de son grand voyage, & ayãt
necessité de viures en son vaisseau,
faisoit jouer ceux de son equipage
qui estoient plus pressés de la faim,

& à ceux qui auoient soif il persuadoit de dormir pour se rafraichir & humecter dauantage.

Lystra, V. *Lycaoniæ,* V. ruinée en l'Anatolie,

M

Acedonia. La Macedoine. 45. 41. Elle est renommée par ses Roys qui ont fait de leur Royaume l'vne des plus grandes monarchies du Monde.

Mæander. Le *Meandre.* Fl. de Phrygie, connu pour ses beaux Cygnes & pour ses Sinuosités qui donnerent suiet à Dædale de faire le Labirinthe.

Mænus, Fl. *Germaniæ.* Le *Mein.* Riv. d'Alemagne.

Mæolis Palus. Mer de Zatache, entre l'Europe & l'Asie. 65. 49.

Magnus-portus, V. *Mauritaniæ.* *Marzalquiuir,* V. du Royaume de Tremisen en Barbarie.

Malaca, V. *Bæticæ. Malaga,* V.

du Royaume de Grenade en Espagne.

Malea promontorium Peloponesi. Cap malio, sur l'Archipel, connu par le naufrage des vaisseaux & par la retraite des Pirates.

Malli Populi Indiæ. Ils sont en la Terre ferme de l'Empire du Mogol. Alexandre-le Grand y receut sa blessure sous la mamelle, qui luy donna tant de peine.

Mallus, V. *Ciliciæ. Malo,* V. d'Anatolie sur le golphe de Laiazzo.

Malua, Fl. *Mauritaniæ,* Muluia Riuiere de Barbarie être les Royaumes de Fez & de Tremize.

Manapia, V. *Hiberniæ, Vexford.* V. en Irlande.

Mantiana regio Armeniæ, proche du Lac d'Astamar.

Mantieni, montagne en Mesopotamie.

Mantinea, V. d'Arcadie au Peloponese. Elle fut obligée de se soûmettre à Agefipolis par le moyen de la petite Riuiere que ce Roy deſtourna pour incommoder & ruiner les Edifices. Epaminondas Thebain mourut en la Iournée de Mantinée victorieux des Lacedemoniens.

Mantua. Mantoue. V. d'Italie.

Maracanda, V. *Bactrianæ. Buſdachan,* V. aux confins de Perſe & de Tartarie. Clytus y fut tué par Alexandre-le Grãd à l'iſſue d'vne deſbauche.

Maræotis palus, Lac. en Egypte prche d'Alexandrie.

Marathon, V. de Grece au pays d'Athenes ou les Atheniens remporterent vne ſignalée victoire ſur les Perſes.

Marde, V. *Aſſiræ. Merdin* V. du Diarbech ſur le Tigre.

Mardi, Pop. Mediæ, Peuples en la Perſe & dans la prouince d'Yerak Agemy au Leuant d'Iſpaham.

Mare, Ægæum. L'Archipel, entre l'Europe & l'Asie.

Mare Ægyptium, Mer d'Egypte.

Mare Adriaticum, quod & *Superum* Le *Golphe de Venise,* entre l'Italie & la Dalmatie.

Mare Africum. Mer d'Afrique, & de Tunis.

Mare Britannicum. Le *Manche* ou *Mer Britannique,* entre la France & l'Angleterre.

Mare Caspium, quod & *Hircanum,* Mer de Bachie. & de Sala.

Mare Creticum. Mer de Candie.

Mare Gallicum. Mer de Marseille. fait partie de la mer Mediterranée

Mare Germanicum. La mer d'Alemagne.

Mare Hircanum, voiez *Mare Caspium.*

Mare Ibericum. Mer d'Espagne, fait partie de la mer. Mediterranée.

Mare Ionium. Mer Ionienne, entre l'Italie & la Grece.

Mare Iuernicum. Mer d'Irlande, entre l'Irlande & l'Angleterre.

Mare Libycum. Mer de Tripoli & de Barca.

Mare Ligusticum. Mer de Genes.

Mare Lyciacum. Mer de Sactalie.

Mare Mortuum. La *Mer Morte,* en Palestine, autrement mer Salée & Lac Asphalite. Elle ne soufre rien qui ait vie. Elle estoit autresfois vne agreable valée auec les villes de Sodome & Gomorrhe, qui furent abismées.

Mare Sardoum. Mer de Sardaigne.

Mare Siculum. Mer de Sicile.

Mare Syriacum. Mer de Sourie.

Mare Tyrrhenum, quod & *Inferum. Mer de Toscane.*

Mari ana. Le *Gorgian,* Prouince de Perse.　　110.　　41.

Margiana, V. ruinée en l'Isle de Corse.

Marmarica, Regio Libyæ, partie du pays de Barca en Barbarie. 52. 29.

Marabodui-Regia, V. *Germaniæ*

Prague, **V.** capitale du Royaume de Boheme.

Martiana palus, en Aſſyr.

Marcianopolis, **V.** *Mœciæ*, *Martiopoli*, **V.** de Bulgarie.

Maſſaga, **V.** *Indiæ*. Elle eſt celebre par la bleſſure qu'y receut Alexandre. Ce Prince voyant couler ſon ſang ſe deſabuſa de la ſotte flaterie de ſes Courtiſãs qui le vouloint faire paſſer pour immunerable.

Maſſagetæ. Peuples de Scytie, fõt partie du Zagathay en Tartarie. 120.   49.

Maſſilia, V. *Prouinciæ*. *Marſeille*, V. du Royaume de France en Prouence.

Maſſyli, Pop. *Numidiæ*. Ils ont eſté dans le Royaume de Conſtantine en Barbarie.

Maſtala, V. *Maſcalat*, V. en l'Arabie Heureuſe.

Mateni, Pop. *Sarmatiæ*. Ils font partie du Royaume d'Astracan proche de la Volgue.

Mauritania Cæsariensis. Les Roy-aumes de *Tremisan*. de *Tenez* & d'*Alger*, en Barbarie.   20.   33.

Mauritania Sitifensis. Le *Royaume de Burgie*, en Barbarie.   25.   32.

Mauritania Tingitana. Les *Roy-aumes de Fez*, & de *Maroch*, en Barbarie.   15.   33.

Mazaca Cæsarea, V. *Cappadociæ*. *Sarmusada*, V. d'Anatolie.

Media. Le *Seruan*, le *Gilan*, le *Mazandorum*, ou *Dilemon*, & l'*Yêrak Agemy*, prouinces de Perse.   87.   37.

Le Grand Cyrus y a deffait Astiages, les Scythes y auoient deffait les Medes ce qui leur donna moyen de dominer 28. ans en Asie.

Mediolanum, V. *Galliæ Cisaspinæ*, *Milan*, V. d'Italie.

Megalopolis. Megalopoli. V. du

Peloponese, les Macedoniens
deffirent les Lacedemoniens lor-
qu'Alexandre-le Grand eſtoit en
Aſie.

Megara, V. de Gréce en Achaïe
patrie d'Evclide fameux Mathe-
maticien. Ses habitans ont longtemps conteſté l'Iſle de Salamine
aux Atheniens ; & ils crurent faire grand honneur à Alexandre
de le faire Bourgeois de leur ville.

Melita, I. *Melada*, I. du Golphe
de Veniſe.

Melite, I. *Malthe* I. en la mer
Mediterranée entre l'Afrique &
la Sicile.

Melos, I. *Milo.* Iſle en l'Archipel.

Memphis. Le *Grand Caire*, V. capitale d'Egypte. Elle a eu en ſon
voiſinage les fameuſes Pyramides
l'vne des ſept merueilles du monde.

Meninx, voyez *Lotophagites.*

Meſopotamia. Le *Diarbech*, province.

vince d'Asie entre le Tigre &
l'Eufrate.   75.   36.

Meſſana. Meſſine, V. de Sicile.

Meſſapia. Terre de Bari, & *d'O-
trante*, en la partie Orientale d'I-
talie.

Meſſenia, V. *Peloponeſi*. Elle a eu
les plus belles murailles de la Grece, & a eſté la mere ville de Meſſine
en Sicile.

Metallinum, V. *Luſitaniæ. Me-
dellino*, V. Sur la Guadiane qui
peu audeſſus ſe cache ſous terre.

Metapontum, V. *Lucaniæ. Torre
di Mare*, V. ruinée en la Baſilicate
où eſt mort Pythagore.

Methymna. V. en l'Iſle Metellin
dans l'Archipel.

Methone, V. de Macedoine deuant laquelle le Roy Philippe perdit vn œil d'vne Fleſche qui luy fut
decochée par Aſteres.

Metropolis, V. *Theſſaliæ*. Elle fut
conſeruée par Iules-Ceſar, qui

venoit de faire piller Gomphi.

Metulum, V. *Illiris Meling*, V. d'Alemagne en Vindismark.

Midæum. V. de Phrygie en l'Asie mineure.

Miletus. *Milazo*, V. de Doride en Asie mineure, mere de plusiurs Villes. Elle à longtemps soustenu la guerre contre les Roys de Lidie. Sadyates vn d'entre eux fit faire la recolte au son des Flustes pendant 7. années sur les Terres des Milesiens qui tromperent neantmoins Alyatte par l'exposition de leurs Grains de l'aduis de Trasybule.

Militene, V. *Armeniæ, minoris*. *Malatia*, V. d'Anatolie.

Mocislus. V. *Cappodociæ*. V. en l'Asie mineur.

Mœris Stagnum. Le *Lac Buchiara* en Egypte.

Mæsia. La *Bulgarie*, Pays d'Europe.   48.   44.

Mogortiacum, V. *Galliæ. Maïence,* V. aujourdhuy en Alemagne sur le Rhin.

Morini, Pop. Galliæ. La *Flandre,* Prouince des Pays-bas.

Mosa. Fl. Galliæ. La *Meuse,* Riv. dans les Pays-bas.

Moscus, Fl. Susianæ. Maiari, Ri . de Perse en Chusistan.

Mosella, Fl. Galliæ. La *Moselle,* Riv. en Lorraine & en Alemagne.

Mosircicy. Peuples de Cappadoce qui faisoient publiquement, ce que l'on fait ailleurs en cachette, & qui se cachoient pour faire leurs actions ordinaires.

Munda, V. *Bæticæ. Menda.* V. du Roynume de Grenade en Espagne. Iules-Cesar y remporta vne celebre victoire sur le ieune Pompée, où il fit demeurer sur la place plus de 30. mille de ses Ennemis.

Murgis, V. *Bæticæ. Almeria,* V.

du Royaume de Grenade.

Musarna, V. *Gedrosiæ.* Geſt. V
de Perſe en la Prouince de Circã

Musicana, V. *India. Tatta,* V
de l'Inde ſur l'Indus.

Mutina. V. *Modene,* V. d'Italie
Brutus y fut en vain aſſiegé pa
Marc-Anthoine.

Mycale, Montagne d'Ionie pro
che d'Efeſe & de la mer Egée. En
ſõ voiſinage les Perſes furent de
faits par les Grecs le propre iou
de leur defaite à Platée en Bœ
otie.

Mycena. Mycene, ou *Charie,* V
du Peloponeſe a eſté des plus con
ſiderables de la Grece.

Myonus. I. *Mycone,* I. en l'Ar
chipel.

Myndus. Mendes, V. de Doride
en Aſie mineure à longtemps ré
ſiſté à Alexandre le-Grand.

Myrra, V. *Mycia. Strumita,*
d'Aſie mineure.

Mysia. Prouince de l'Asie mineure. 57. 40.

Mytilene, V. *Metellino.* V. en
l'Isle de mesme nõ dans l'Archipel.

N

N Abatai, Populi. Aux confins
des Arabies Petrée & Heu-
reuse.

Narbo, V. *Prouincia. Narbone,*
V. de France en Languedoc a
donné son nom à la Gaule Nar-
bonnoise.

*Nasabath, Fl. Mauritaniæ. Rio
maior,* Riv. de Barbarie dans le
Royaume d'Alger.

Naubarbus, V. *Naubarum.* V.
en la petite Tartarie.

Naulibis, V. *Paropamisi. Balch,*
V. aux confins de Perse & de l'Inde.

Naupactus. V. *Lepanthe,* V. de
Grece.

Nauplia, V. *Peloponesi. Napoli de
Romanie,* a eu la fontaine Canetus

eû selon la fable, Iunon ſe baignoit
tous les ans pour venir Pucelle.
Ses habitans ſe vantent que leurs
predeceſſeurs aprirent a tailler la
vigne par le moyen d'vn Aſne qui
l'auoit rongée

Naxus Nicſia. I. en l'Archipel
Ariadne y fut abãdonnée de The-
ſée & Piſiſtrate y fit garder les enfans des Atheniens.

Nazareth, V. de Paleſtine patrie
de la Vierge mere de Dieu.

Neapolis, V. *Italiæ. Naples,* V.
Capitale du Royaume de Naples,
en Italie.

Neapolis, al *Cichem. Naplouſe,* V.
de Paleſtine.

Nemauſus, V. *Prouincia Niſmes,*
V. de France en Languedoc où il
eſt reſté beaucoup d'antiquitez
Romaines.

Neocæſarea, V. *Ponti. Tocate,* V.
d'Aſie mineure.

Nicæa. V. Bithinie.

Nichée, où *Iſnich*, V. connuë pour ſes Conciles & pour la demeure de quelques Empereurs Grecs.

Nicæa. Nice, V. aux confins de la Gaule & d'Italie.

Nicæa, V. *Margiana. Nichapour*, V. de Perſe,

Nicephorium, V. *Meſopotamiæ*. V. ruinée en Diarbech ſur l'Eufrate.

Nicomedia, V. *Bithiniæ. Ilnimigid*, V. de l'Aſie mineure, ſur le Pro-pontide.

Nicopolis, V. *Epiri. Preueza*, V. de Grece ſur la coſte d'Epire. Elle fut baſtie par Auguſte apresla vi-ctoire qu'il remporta ſur Marc-Anthoine & Cleopatre.

Nicopolis. V. de l'Armenie mi-neure où fut deffait Domicius Li-eutenant de Iules-Ceſar par Pharnaces.

Nilus. Fl. Le *Nil*, Riv. d'Afri-que en Egypte celebre pour ſes deſbordements ſalutaires & pour es Crocodiles.

Ninus, V. *Assyria*. *Moßa*, pres
Mosus en Arzerum.

Nisibis, V. *Mesopotamia*. *Nisibin*,
V. en Mesopotamie.

Norcio, V. *Norici*. *S. Veit*, V. de
Corinthie en Alemagne.

Noricum. Partie de *Bauiere*, de
Carinthie, & d'*Autriche*.

Notium. V. d'Ionie en Asie mineure sur l'Archipel. Les Lacedemoniens sous Lysander y de-
firent les Atheniens commandés
par Antioque Lieutenant d'Alcibiades.

Numantia, V. *Hispania*. *Soria*,
V. d'Espagne en Castille elle a
esté appellée la terreur de l'Empire Romain dont elle à lõg-temps
tenu les armées en escheq. Elle
fut enfin prise & ruinée parScipió.

Numidia, le *Royaume de Constan-*
tine, en Afrique.   29.   31.

Nyßa, V. *Indi*. Aux confins de

Perſe & de l'Inde.

O

OBana, V. *Aſſyriæ. Marraga,*
V. de Perſe en Curdiſtan.

Oea. V. *Tripoli,* V. de Barbarie
Capitale du Royaume de meſme
nom.

Oaſis-magna. V. *Algucet,* V. en
la partie Occidentale d'Egypte.

Oaſis parua. V. *Eleocat,* V. en
la partie Occidentale d'Egypte.

Oceanus. La *Grande mer Oceane,*
aux enuirons de noſtre Continét.

Oceanus Gallicus. Mer de Gaſcogne.

Oenanthiæ, V. *in Amazonibus. S.*
Sofie, V. de Commanie ſur la mer
Noire.

Oenus, Fl. Vindeliciæ. Inn. Riv. en
Alemagne.

Oeſcus, V. *Moeſiæ. Iſch* où *Iſchar,*
V. de Bulgarie ſur le Danube.

Oeta, Montagne en Theſſalie celebre pour la mort d'Hercule.

Olbia, V. *Germano-ſarmatiæ.* V.

E y

ruinée en Volhinie sur le Bori-
sthene.

Olimpia. Pisa, V. du Peloponese,
celebre pour le Temple, pour l'O-
racle, & pour la Statüe de Iupiter
Olimpien l'vne des sept merueilles
du Monde, connuë aussi pour les
Olimpiades.

Olimpus, mons Macedoniae. Il
conseruoit d'ordinaire la cendre
des victimes sans que les vents la
dissipassent.

Olinthus. V. & forteresse de la
Macedoine. Thelutias grãd hõme
de guerre y fut tué & son frere A-
gesilaus y mourut. Elle fut prise &
ruinée par le Roy Philippe.

Olysippo, V. *Lusitaniæ*. *Lisbone*, V.
Capitale de Portugal.

Ossa, mons Thessaliæ. A esté estimé
la demeure des Lapithes & des Ge-
ans, il est en la contrée de Mag-
nesie que l'on dit auoir donné le
nom à la pierre d'Aimant.

Orba, V. *Africæ propriæ. Vrbs,* V. de Barbarie au Royaume de Tunis.

Orchomenus. V. de Grèce en Boeoce.

Oricum. V. *Oriso,* V. d'Epire la plus Occidentale de toute la Grece vis a vis d'Italie.

Orita, V. *Gedrosiæ.* V. de Perse en la Prouince de Circan.

Ossonoba, V. *Lusitaniæ. Istombar,* V. ruinée en Portugal.

Oxiana, V. *Sogdianæ.* V. ruinée au Zagathay sur Lalbiamu.

Oxus, Fl. Albiamu, Riv. aux côfins de la Perse & de la Tartarie.

Oxydracæ, Pop. Indiæ, en la terre ferme de l'Inde.

Oxyrinchus. V. *Meunia,* V. de la haute Egypte sur le Nil.

P

PAchynum, Prom. *Capo di Passaro,* au leuant d'Hiuer de la Sicile.

Pacoria, V. *Mesopotamiæ*. *Tacrit*, V. du Diarbech sur l'Eufrate.

Pactolus. Le *Pactole*, Riv. de Lydie auec du sable meslé d'Or qui dõna lieu aux grandes Richesses de Cresus. La Fable porte que ce fut apres que Midas s'y fut bagné.

Proche du Pactole Agesilaus a remporté vne celebre victoire sur les Perses.

Padus. *Fl.* le *Po*, la plus grande Riuiere d'Italie.

Pæones, *Pop. Macedoniæ*. Peuples de Grece dans la Macedoine.

Pætouio, V. *Pannoniæ*. *Pettau*, V. de Stirie.

Palestina. Voyez *Iudæa*.

Palma. V. *Mallorca*, V. Capitale de l'Isle de mesme Nom.

Palmyra, V. *Syriæ*. *Faid* ou *Tames*, V. de Sourie.

Phamphilia. Partie de Caramanie, en l'Asie mineure.   63.   37.

Pandosia. V. d'Epire. Alexandre

Roy d'Epire paſſa en Italie pour trouuer ſa mort proche d'vne Ville de meſme Nom ayant eſté trompé par l'Oracle.

Panionion. Temple dedié à Neptune dans le Promontoire de Mycale proche d'Epheſe.

Pannonia. Partie *d'Auſtriche*, & de Hongrie.   40.   47.

Panormus. Palerme, V. Capitale de Sicile.

Panticapæum. V. *Pontico*, V. en la petite Tartarie ſur le Deſtroit de Caffa.

Paphlagonia. Le *Roni*, Prouince de l'Aſie mineure. 63.   43.

Paphos, V. *Cypri. Baffo*, V. en la partie Occidentale de l'Iſle de Cypre.

Paretacene, Contrée de Medie, aux enuirons d'Iſpahan en Perſe.

Parnaſſus mons, en Achaïe Prouince de Grece celebrée par les Poëtes pour le ſejour des Muſes.

Parodana V. *Persidis.* V. de Perse ruinée en la Prouince de Farsi.

Paropamisus. La *Prouince de Balch,* aux confins de la Perse & de l'Inde

Paros Paro, I. en l'Archipel renommée pour son beau Marbre Blanc & pour sa Fontaine que l'on dit auoir la vertu de teindre en Noir vn Drap Blanc.

Parsis V. *Gedrosia.* Pasir, V. de Perse en la Prouince de Makerā.

Parthia. Le *Khocmus,* & le *Koshan,* Prouince de Perse.   97.   36.

Pasagarda. Laar, V. de Perse Alexandre-le Grand y fit mourir Calamus le philosophe comme conspirateur: & en son voisinage Cyrus vainquit Astyages.

Passaro, V. de Grece en Epire où les Roys & les habitans d'Epire se donnoient reciproquement le serment.

Patara, V. *Lycia* Patera, V. d'Anatolie sur la mer Mediterranée.

Patauium. Padouë, V. d'Italie.

Patmos, I. *Palmoſſa.* I. en l'Archipel connuë pour l'exil & la grotte de S. Iean l'Euangeliſte.

Patræ. Patras, V. dans le Peloponeſe.

Pax Iulia. Beia, V. de Portugal.

Pelion mons Theſſaliæ. Renommée pour les Nopces de Peleé & de Thetis & pour le ſejour des Centaures que la fable nous a repreſenté moitié hommes moitié cheuaux, par ce que les Theſſaliens pluſtoſt que les autres ſe ſont ſeruis de Caualerie.

Pella, V. de Macedoine Patrie d'Alexandre-le Grand & du Roy Philippe ſon Pere.

Peloponeſus. La *Morée,* partie meridionale de la Grece. 48. 36.

Pelorum Promontorium. Capo di Faro, ò *di Meſſina,* le plus Septentrional de la Sicile.

Peluſium. Damiette, V. d'Egypte

sur la mer Mediterranée.

Peneus, Fl. *Thessaliæ*. Il est celebre par la Valée de Tempe l'vn
des plus delicieux lieux du Monde où l'on a placé les Champs Eli-
siens.

Pentapolis Libyæ, al *Cyrenaica*. Le
Mesrata, Contrée du Pays de Barca en Barbarie.   40. 29.   Ces
cinq Villes estoient *Cirene*, *Appo-
lonie*, *Ptolemaide*, *Arcinoë*, & *Berenice*.

Perge, V. *Pamphiliæ*. V. d'Anatolie *Pirgi*, où *Parge*.

Pergamus. *Pergamo*, V. de Mysie
a inuenté l'vsage du Parchemin.
Elle est renommée pour les Richesses, pour les meubles, & pour
la Biblioteque du Roy Attalus l'vn
de ses Roys.

Persepolis. *Estaker*, V. ruinée pres
Siras en Perse. Elle a esté la Ca-
pitale & le sejour des Roys de
Perses; Alexandre-le Grand y

trouua plus de 120 mille Talents, apres la deffaite de Darius, il brula la ville au sortir d'vn Festin & il y trouua plus de 4000. Grecs mutilés par les Perses.

Persis. Le *Farsi*, Province du Royaume de Perse. 90. 31.

Perusia. Perouse, V. de l'Vmbrie en Italie.

Peßinus V. *Galatiæ.* Poßene, V. d'Anatolie où l'on faisoit les Sacrifices à Cybele Mere des Dieux.

Petra V. *Arabiæ Petreæ. Arach* ou *Crach*, V. de l'Arabie Petrée.

Pauce. Isle à l'embouchure du Danube en la mer Noire.

Parthenius Fl. *Ponti. Dolap*, Riv. d'Anatolie se réd en la mer Noire.

Phænicia. Phenicie, Province d'Asie celebre dans l'anciëne Histoire à cause de ses Forces de mer.

67. 34.

Pharmacusa. I. petites Isles proche de Milet en l'Archipel où Iules

Cesar fut pris par les Corsaires.

Pharan. *Faran*, V. en l'Arabie Petrée ser la mer Rouge.

Pharnacia V. *Ponti. Pripoli d'Anatolie*, V. sur la mer Noire.

Pharsalus. V. de Thessalie a veuë donner la grande Bataille où Pompée fut deffait par Iules Cesar.

Pharus. Isle d'Egypte proche d'Alexandrie, celebre par cette fameuse Tour qui a tenu lieu d'vne des 7. merueilles du Monde.

Phaselis, V. *Lyciæ*. V. de l'Asie mineure sur la mer Mediterranée.

Phasis. Le *Fazze*, Riviere de la Colchide. Se rend dans le Pont Euxin, son Eau surnage la Mer: & dans son lit elle se trouue douce au dessus & salée au fonds: Elle n'est point suiette à se corompre.

Phila. V. d'Egypte sur le Nil aux confins d'Ethiopie.

Philippi. V. de Macedoine ainsi appellé de Philippe pere d'Alexandre. Ce Roy retiroit des Mines d'Or qui en font proche plus de fix cent mille Efcus par An. Proche de Philippi Caffius & Brutus furēt deffaits par Iules-Cefar.

Philippopolis V. *Tracia*. *Philibe*, V. de *Romanie*.

Phocea. *Fogia*, V. d'Aolie en Afie mineure fur la mer Egée la mere ville de Marfeille. Elle à la premiere efté prife auec fiege formé par Harpagus General de l'Armée du Grand Cyrus.

Phocis. Contrée de Grece en la grande Achaïe.

Phorga V. *Mefopotamia*. *Anna*, V. fur l'Eufrate.

Phrygia. Le *Becfangil*, le *Chioutaie*, & le *Germiare*, contrées de l'Anatolie.   60   41.
Pfammetichus Roy d'Egvpte eftima les Phrigiens les plus anciés peuples du monde, parce qu'ayāt fait nourrir deux Enfans: le pre-

mier mot qu'ils prononcerent fut
Bec, qui en Phrigien veut dire du
Pain.

Phuth, Fl. *Mauritaniæ. Tensif,*
Riv. du Royaume de Maroch en
Barbarie.

Phyle, Chaü de Grece proche
d'Athenes. Il seruit de retraite
à Thrasibule, celuy qui restablit
la liberté d'Athenes sa patrie
contre les Lacedemoniens.

P*icenum*. La *Marche d'Ancone*, en
Italie.   37.   43.

Pisa. P*ise*, V. d'Italie en Toscane.

P*isidia, Contrée d'Asie mineure.*
          62.   38.

P*lacentia*. P*laisance*, V. d'Italie
sur le Po.

P*lateæ*. V. de Grece en Boeoce
connuë pour la deffaite de 300.
mille Perses par les Grecs, leur
Chef Mardonius y ayant esté tué.
l'entreprise des Thebains sur
Platée est vn des premiers actes

d'hoſtilité en la guerre du Peloponeſe.

Polemonium V. *Ponti*. *Pormon*, V.
d'Aſie mineure ſur le Pont Euxin.

Pompeiopolis al. *Soli*. V. *Ciliciæ*.
Carachiſar, V. de Caramanie ſur
la mer Mediterranée.

Pompeiopolis, V. *Paphlagoniæ*.
Tarachiborli V. d'Anatolie.

Pompelo, V. *Hiſpaniæ*. *Pampelune*,
V. d'Eſpagne Capitale du Royaume de Nauarre.

Pontus *Bithyniæ*. Le *Bolli*, Contrée de l'Anatolie. 60.   43.

Pontus Cappadociæ. *Amaſie*, Contrée de l'Anatolie.   67.   42.

Pontus Euxinus. La *mer noire*, autrement *mer Maiour*. Elle ſert de
borne à l'Europe & à l'Aſie.

Pori Regnum. Le *Royaume de Portus*,
en la Terre Ferme de l'Inde.

17.   32.

Potidæa V. *Macedoniæ*. Le ſou-
leuement de cette place contre

les Atheniens a ſerui de pretexe à la guerre du Peloponeſe.

Priene, V. d'Ionie proche d'Efeſe

Propontis. La *mer de Marmara*, entre l'Europe & l'Aſie. 56. & 42.

Prophaſia, V. *Drangianæ. Camul-tan*, V. de Perſe en Sigiſtar.

Prouincia. Partie de France qui comprent le *Languedoc*, la *Prouĕce*, le *Dauphiné* & la *Sauoie*. 26. 44.

Pruſa. V. Bithynie, *Burſe*, ſejour de ſes anciens Roys, & puis de quelques Empereurs Grecs & des Empereurs Turcs auant qu'ils paſſaſſent en Europe.

Pſylli Populi Libyæ. 50.   26. Ils voulurent faire la guerre au vent d'Auſter par ce quil auoit deſſeché leur Eaux. Ils auoient cette particularité de faire fuir & mourir les Serpents.

Pterium V. *Ponti.* Elle eſt celebre par la premiere victoire de Cyrus ſur Creſus.

Ptolemais Ægypti. Ptolemai, V. d'Egypte sur le Nil.

Ptolemais Libyæ. Tolometta, V. du Pays de Barca en Barbarie.

Pura, V. *Gedrosiæ.* V. de Perse en la Province de Makeram.

Pydna, V. *Macedoniæ.* Olimpias mere d'Alexandre y fut assiegée & prise par Cassender qui la fit mourir. Proche de Pycine fut deffait Persée le dernier Roy de Macedoine.

Pylae Albaniae- Le Pas du Mont *Cocase,* en Georgie.

Pyle Sarmaticae. en Commanie.

73. 49.

Pylæ Susianæ. En Perse entre Souse & Schiras.

Pylus, V. *Peloponesi. Nauarrin,* V. & Port de mer en Morée.

Pyrenéi Montes. Les mons Pirenées, entre la France & l'Espagne.

Q

QVADI *Pop. Germaniæ.* La Mora-
uie, Province d'Alemagne.

R

RAPSA V. *Mediæ.* Dor, V. de
Perse pres de 'Hrey.

Rauenna. Rauenne V. d'Italie au
fonds du Golfe de Venise.

Regia-altera, V. *Iuerniæ. Gallonai*
V. d'Irlande.

Remi, V. *Belgicæ. Reims,* V. de
France en Champagne.

Rha, Fl. *Sarmatiæ.* La *Volgue,* Riv.
de Moscouie se rend en la mer
Caspienne.

Rhætia. Les *Grisons,* & partie d'A-
lemagne.   32.   47.

Rhagæ, V. *Parthiæ.* V. de Perse
ruinée.

Rhegium, V. *Brutij. Regia* -V.
d'Italie en Calabre.

Rhenus. Fl. Le *Rhin,* Riviere en
Alemagne, a serui de borne à la
Gaule & à la Germanie, & puis à
l'Empire

l'Empire Romain d'où vient que ses plus belles villes sont du costé de Gaule.

Rhodanus Fl. *Galliæ.* Le *Rhosne,* Riviere de France.

Rhodus. V. & I. *Rhodes,* Isle & V. en la mer Mediterranée proche de l'Anatolie. Cette place a autresfois esté la Reine de la mer à cause de sa puissance & de ses Loix nauales. Elle a eu plusieurs collosses dont celuy du Soleil a passé pour l'vne des sept merueilles du Monde.

Rombites, Fl. *in Amazonibus.* Riv. de Commanie se rend dans les palus Meotides.

Roma. Rome, V. Capitale d'Italie & de la plus belle partie du Monde, celebre pour les gráds homme qu'elle a fourni & pour les belles actions de ses peuples elle a eus ses Roys, ses Consuls, & ses Empereurs. Aujourdhuy elle est le *sejour* du Pape le premier homme de la Chrestienté.

Rotomagus V. *Galliæ-Celticæ.*
Roüen, V. Capitale de Norman-
die.

Roxolani. La *Rußie Blanche,* ou
Moscouie vers le couchant.

65.   51.

Rubico, Fl. *Pißatello.* Riv. de Ro-
magne, a serui de bornes contre
l'Italie & la Gaule cisalpine: elle
est celebre dans l'histoire par le
paßage de Iules-Cesar contre le
decret du Senat.

Rußino, V. *Galliæ. Tour-Roußillon*
V. ruinée pres Perpignan.

Rußpina, V. *Africæ. Souse* V. du
Royaume de Tunis en Barbarie.

Rußucurrum, V. *Mauritaniæ. Alger*
V. d'Afrique en Barbarie sur la
coste de la mer Mediterranée.

S

S*Aba.* V. *Sumiscasac,* V. en l'A-
rabie deserte.

Sabini, Pop. La *terre Sabine,* &c. En Italie.

Sabrina. Fl. *Seuerne,* Riv. en la grande Bretagne.

Saca, Pop. *Scithiæ.* Font partie du *Turquestan,* en Tartarie. 122. 45.

Sacrum, promont. *Lusitaniæ.* Le *Cap S. Vincent,* au Royaume d'Algarue.

Saguntus, V *Hispaniæ. Moruedre,* V. ruinée dans le Royaume de Valence. Elle donna occasion aux Romains de rompre auec les Cartaginois qui la prirent sous la conduite d'Hannibal nonobstant la Paix.

Sais. V. en la basse Egypte.

Sala V. *Mauritaniæ. Sale,* V. du Royaume de Fez sur la mer.

Sala Fl. *Germaniæ.* La *Sale,* Riv. d'Alemagne se rend en l'Elbe. Elle a donné son nom à la loy salique.

Salamis. I. de Grece proche d'A-

thenes, patrie d'Ajax, & celebre
par la grãde victoire des Grecs sur
les Perses par l'aduis de Themisto-
cle. Ce fut pour le recouurement
de Salamine que Solon feignit
estre fol dans Athenes.

Salamis. V. ruinée en l'Isle de
Cypre

Salde V. *Mauritaniæ.* Bugie, V. de
Barbarie sur la mer Mediterrannée

Salernum V. *Italiæ.* Salerne, V.
du Royaume de Naples.

Salinum, V. *Pannoniæ.* Budé, V.
capitale de Hongrie.

Salmone, V. *Peloponesi.* Elle est
remarquable par ce Salmonée
qui contrefaisoit le tonnerre en
faisant rouler son chariot sur vn
pont d'airain.

Salona. V. *Salone,* V. de Dalmatie
patrie de l'Empereur Diocletian.
Elle se deffédit côtre le parti de Pô-
pée si genereusemét que les Dames
ne feignirent point de donner leur

cheueuxpour faire descordages.

Samaria, al. *Sebaste. Samarie*, V. de Iudée sejour des Roys d'Israel, autrefois des plus magnifiques.

Samnium, Regio Italiæ. l'Abruzze, Prouince du Royaume de Naples en Italie.

Samos. Samo, I. en l'Archipel proche de l'Asie mineure, la patrie de Pytagore, & la seigneurie de Policrate, qui apres des bonheurs continuels fut mis en Croix. Vn peu auant son malheur sa fille auoit songé qu'elle voioit son pere en l'Air, que Iupiter le lauoit & qu'Apollon l'oignoit.

Samosata, V. *Syriæ. Samosat,* V. de Sourie sur l'Eufrate.

Samothrace, I. *Samandrachi.* I. en la mer Egée proche de la Thrace. Persée le dernier Roy des Romains y fut pris par les Romains.

Sangala, V. *Indiæ.* V. en la terre ferme de l'Inde.

Sangarius, Fl. *Sangari*. al. *Aiala*. Riv. en l'Asie mineure.

Santones, Pop. *Galliæ*. La *Saintonge*, province de France sa fertilité auoit conuié les Suisses du temps de Iules-Cesar, de quitter leur pays pour y aller demeurer.

Saraceni. *Pop.* en l'Arabie heureuse.

Sardica, V. *Mœsiæ*. V. ruinée pres Sophie en Bulgarie.

Sardinia. La *Sardaigne*, l'vne des plus grandes Isles de la mer Mediterranée. 32. 39. Elle fut proposée aux Ioniens par Bias auant qu'ils fussent subiuguez par les Perses.

Sardis. V. Capitale de Lidie, & sejour de ses Roys. Cresus y fut deffait sans resource par Cyrus & renuersa par ce moyen vn grand Empire qu'il n'auoit pas cru estre le sien, cette victoire fut gagnée par Cyrus à la faueur des Chame-

aux, dont la seule odeur fit fuir
les Cheuaux Lidiens à la prise de
la ville par les Perses.   Le fils de
Cresus, qui auparauant estoit mu-
et, commença de parler pour sau-
uer la vie au Roy son Pere. Antiochus le Grand se retira à Sardis apres sa deffaite par les Romains.

Sardoum-Mare. La *mer de Sardagne.*

Sarmatia, Asiatica La *Moscouie,*
vers l'Orient & la Tartarie deserte vers l'Occident.   81.   53.

Sarmatia Europæa. La *Russie blan-*
che, vers le couchant. 65. 53.

Sarmaticæ Pilæ, in Amazonibus.
En Commanie.

Sauus, Fl. *Pannoniæ.* Le *Saue,* se
rend dans le Danube.

Saxones, populi Germaniæ. Les *Sa-
xons,* fameux peuples en Alemagne.

Scalabis, V. *Lusitaniæ. Santaren,*

V. de Portugal.

Scaldis Fl. Galliæ Belgicæ. L'Escault Riuiere des Païs bas.

Scardona. V. *Scardona.* V. de Dalmatie sur le golphe de Venise.

Scenitæ Nomades. Les *Bengebres,* Peuples de l'Arabie heureuse.

Scepsis, V. *Mysiæ.* Patrie de Midias gēdre de la braue Mania qu'il fit estouffer. Ce traistre fut duppé galāmant par Dercyllidas Lacedemonien.   *Scodra,* V. *Illirici.* *Scutari,* V. en Albanie.

Scupi V. *Moesiæ.* *Vschub,* V. de Seruie ruinée.

Scylla. Sciglio, V. d'Italie en la Calabre. Elle est renommée pour son rocher, dont le haut raporte la forme humaine & le bas est plein d'ecueils, où la mer fait vn grand tintamarre.

Scyros. I. *Scyro,* I. en l'Archipel pres du Negrepont où Achille deguisé en fille couchoit auec la fille du Roy Lycomede.

Scythia intra Imaum. La *Tartarie* deſerte, vers l'Orient.   105.   51.

Scythicus ſinus, partie de la mer Caſpienne vers les bouches du Volga.

Sebaſte, voyez *Samaria.*

Sebaſtia, V. *Cappadociæ.* Sauaſtie, en l'Aſie mineure.

Sebaſtopolis, V. *Cappadociæ.* V. d'Aſie Mineure.

Sebaſtopolis voyez *Dioſcurias.*

Segeſta. V. ruinée prés *Caſtelamar,* en Sicile.

Segouia, V. *Hiſpaniæ.* Segouie, V. d'Eſpagne en Caſtille.

Selenus. V. de Cilicie où mourut Trajan à ſon retour des conqueſtes de Leuant. Elles furent ſi conſiderables que le Senat de Rome ordonna que cét Empereur triompheroit de telles nations & de telles provinces quil voudroit.

Seleucia, V. *Ciliciæ.* Selechia, V. de Caramanie en l'Anatolie.

Seleucia, V. *Mesopotamiæ*. V. ruinée en Diarbech sur le Tigre.

Seleucia Pieria, V. *Syriæ*. Souaidie, V. de Sourie proche d'Antioche.

Selge, V. *Pisidiæ*. *Philadelphia*, V. d'Anatolie.

Selinus, V. *Siciliæ*. Terra di Pulici, V. ruinée en la vallée de Mazara.

Sena V. *Hetruriæ*. Sienne, V. d'Italie en Toscane.

Sestus V. *Thraciæ*. Sesto V. ruinée en Romanie sur l'Hellespont.

Sibaris. Sibari, V. d'Italie ruinée en la Calabre Csteri.

Sibota. V. d'Epire auec port de mer, celebre par plusieurs combats de mer entre les Grecs.

Sicambri, Pop, Germaniæ. entre le Rhin & le Veser.

Sicilia. I. La plus grande & la plus considerable Isle de la mer Mediterranée. 38. 37. sa fertilité en grains la fait Passer pour le grenier de Rome.

Sicoris, Fl. *Hispaniæ*. La *Segre*, Riv. en Catalogne.

Sicyon. V. *Asilica*, V. de la Morée. Elle a donné son nom à l'vn des plus anciens Royaumes du Monde proche de Siciõ les Lacedemoniẽs remporterent vne Victoire sur les Corinthiens & Atheniens , pendant que Agesilaüs estoit en Asie.

Sida, V. *Pamphiliæ*. *Candelora*, V. de Phamphilie en Asie.

Sidon. Said ou *Sayette*, V. de Phenicie sur la mer a inuenté plusieurs arts & sciences. Alexandre le Grand y fit establir pour Roy Abdolominius Iardinier. Les habitans estans autresfois conuenu de faire Roy celuy qui le premier verroit le Soleil: comme tous se tournoient vers l'Orient vn seul se tourna vers l'Occident & apperceut premier le Soleil.

Siga, V. *Mauritaniæ*. *Haresgol*,

V. du Royaume de Tremisien en Barbarie: elle a esté la demeure de Siphax auant qu'il eût enuahi les Estats de Siphax.

Sigeum. Promontoire en la Troade où aborda Alexandre-le-Grand qui estoit parti d'Eleonte en Europe pour son expedition d'Asie.

Singa, V. *Arm. Minoris. Elbustar,* V. d'Anatolie.

Sinope. Sinobi, V. de Paphlagonie, séjour de Mithridate l'vn des plus redoutables ennemis des Romains. Elle a en son voisinage les seules mines de cuiure de l'Asie.

Siauana, V. *Armenie. Sumiscasas,* V. en la Turcomanie.

Sinus Arabicus. La *mer Rouge,* autrement *de la Mecque* entre l'Afrique & l'Asie.

Sinus Caspius. partie de *la mer Caspienne,* vers Derbent.

Sinus Hyrcanus. partie de *la mer*

Caspienne, vers l'Embouchure de l'Oxus.

Sinus Persicus. La *mer Elcatif*, ou *de Perse*.

Sinus Scythicus. partie de *la mer Caspienne*, vers les bouches du Volga.

Sinus verginius. La *mer de Leuant*, qui fait partie de le mer Mediterranée.

Siris. Riv. d'Italie en la Basilicate proche de cette riuiere, 15000. Locres ont deffait 120000. Crotoniates & les nouuelles arriuerent le mesme jour a Corinthe: & vers la mesme riuiere le vaillāt Pyrrhus remporta sa premiere victoire sur les Romains à l'aide de ses Elephans qui espouuenterent les Romains.

Sirmium, V. Pannoniæ, V. ruinée en Esclauonie.

Sitifi, V. Mauritaniæ. Estefe, V. de Barbarie.

Sittace, V. *Assyriæ*. *Chocherau-*
uard, V. de Perse en Hyerak Agemy.

Smyrna, V. *Ioniæ*. *Smirne*, V. de
d'Anatolie sur l'Archipel.

Sparta. *Misitra*, V.   du Peloponese, a esté Royaume & Republique bien renommée. Sa puissance a particulierement esté sur
terre & son gouuernement estoit
de peu de personnes,

Spartolus, V. *Macedoniæ*. vers
le Golphe de Saloniki.

Syateria, I. *Peloponesi*. proche de
Nauarin. Les Lacedemoniens y e-
stans autresfois assiegez ils receu-
rent des viures par les leurs, qui
se plongerent en mer.

Spoletum, V. *Vmbriæ*. *Spolete*, V.
d'Italie en l'Estat Ecclesiastique.

Sporades Insulæ. Les Isles de l'Archipel qui sont, vers l'Anatolie.

Sogdiana. Le Zagathay, partie de
la grande Tartarie.   45.   110.

Quelques Macedoniens furent deffaits en cette Prouince & Alexandre y espousa Roxanc fille d'Oxiarte.

Sogdiana Rupes. Ancienne forteresse en Zagathay vers Samarchand.

Soli, voyez *Pompeiopolis.*

Sotiales. Le *Mas d'Aire,* en Gascogne qui donna tant de peine au Lieutenant de Iules-Cesar.

Stagyra. V. de Macedoine patrie d'Aristote le prince des Philosophes.

Stratus. V. de Grece en Acarnanie.

Strophades. I. *Striuali,* Isles au couchant de la Grece. Le sejour des Harpies les a fait renommer.

Subur, Fl. *Mauritaniæ. Cebu,* Riv. du Royaume de Fez en Barbarie.

Sueui, Pop. *Germaniæ.* Ils ont esté les plus considerables de cette

Region du temps de Cesar & sem-
blent auoir   laissé leur nom à la
Soüabe.

Sulchi, V. *Sardiniæ*. *Villa di glesia*,
V. de Sardagne.

Sulmo, V. *Sammi*. *Salmone*, V.
du Royaume de Naples en l'A-
bruzze Citerieure. Elle a esté la
patrie d'Ouide.

Sura, V. *Syriæ*. *Mahamedia*, V.
de Sourie sur l'Eufrate.

Susa, V. *Susianæ*. *Souse* où *Souster*,
V, de Perse en Chusistan. Elle a
esté le sejour du Roy   Assuerus.
Alexandre y espousa Parisatis. Il
y receut 30. mille jeunes gens de
recreuë. & il y donna dix mille talens pour acquiter les debtes de
ceux qui voulurét s'en retourner.

Susiana. *Chusistan*, Prouince de
Perse.   85.   31.

Susianæ pylæ. Destroit ou pas
entre Souse & Schiras fameux
par la retraite d'Alexandre qui

n'osa pas s'y engager qu'apres s'e-
stre rendu maistre du haut des
Montagnes.

Syene. Asna, V. d'Egypte proche
du Nil.

Symira, V. *Armen. Minoris.* V.
en l'Anatolie sur l'Eufrate.

Symplegades, al. *Cyaneæ. Pauonare*
deux Isles du Pont Euxin proche,
du Bosphore de Thrace. Elles sont
si proches que les anciens ont feint
qu'elle s'entre heurtoient.

Synnada, V. *Phrygiæ. Sinada*, V.
d'Anatolie.

Syracusæ. Siracouse, V. de Sicile
connuë pour ses grandes guerres,
pour ses Tyrans, pour sa fontaine
arethuse, & pour sa braue resi-
stance contre les Romains par les
moyens des machines du fameux
Archimede, à la solicitation des
Segestans. Les Atheniens l'assie-
gerent à leur honte.

Syria. Sourie, Pays d'Asie. 72. 35.

vn peu deuant la fin du Royaume de Syrie vn tremblement de terre y fit perir plus de 170. mille Ames & plusieurs Villes.

Syrtis maior. Golfe de Sidra, ou *Seches de Barbarie*, sur les confins des Royaumes de Tunis & Barca.

Syrtis minor. Golfe de Capes, entre les Royaumes de Tunis & Tripoli en Barbarie.

T

T *Abraca.* V, & I. *Tabarque*, I. aux confins des Royaumes d'Alger & Tunis celebre pour la pesche du Corail.

Tacapa. Capes, V. du Royaume de Tripoli en Barbarie.

Tænarium, promontorium. Le *Cap Matapan*, en Morée celebre par l'abord d'Arion sur vn Dauphin. Les anciens y ont feint la bouche d'Enfer.

Tamesis, Fl. *Britanniæ maioris.* La *Tamise*, Riv. d'Angleterre.

Tanais. Fl. Le *Dom*, Riv. qui sert de borne entre l'Europe & l'Asie.

Tanais, qui *Iaxartes*, Fl. *Scythiæ.* Le *Chesel*, Riv. d'Asie dans le Zagathay Prouince de la grande Tartarie.

Tanais emporium. *Asoph*, V. aux confins d'Europe & d'Asie à l'embouchure du Dom dans les paluds Meotides.

Tanis. V. estimée la plus ancienne de l'Egypte.

Taphros, V. *Przcop.* V. de la petite Tartarie.

Taoce, V. *Persidis.* V. de Perse en la Prouince de Farsi.

Tarantasia. V. *Prouincia.* Monstiers en Tarantaise, V. de Sauoïe.

Tarentum. Tarente, V. d'Italie au Royaume de Naples, autresfois la capitale des Villes Greques en Italie, & qui fit venir le Roy Pyrrhus contre les Romains: elle donne son nom aux Tarantules.

139 *L'Alphabet des quatre*
petits animaux dont la morsu-
rent ne se peut guerir que au son
des instruments.

Tarraco. V. *Tarragone,* V. d'Espagne a donné son nom à la plus
grande partie du pays.

Tarraconensis. C'est ainsi qu'a
esté appellée la plus grande partie
d'Espagne.

Tarsis, voyez *Tunetum.*

Tarsus, V. *Cilicie. Tarse,* V. de
Caramanie renommée pour l'e-
ducation & le sejour de S. Paul.

Tartessus, V *Bætica. Tariff,* V.
d'Andalousie en Espagne sur le
destroit de Gibraltar. Vn de ses
anciens Roys nommé Argantho-
nius a regné plus de 80. Ans.

Tauium, V. *Galatie.* V. d'Anatolie.

Taurica Chersonesus. La *Gazarie,*
ou presquisle de la petite Tartarie.   62.   48.

Tauro-scythæ. Peuples d'Europe

en la petite Tartarie proche des bouches du Nieper.

Taurunum, V. *Mœsiœ.* Belgrade V. Capitale de Seruie ſur le Danube.

Taurus mons. Montagne d'Aſie beaucoup renommée commence aux confins de Carie & de Lycie, diuiſe l'Aſie en deux parties l'vne Septentrionale ou Citerieure & l'autre Meridionale ou Vlterieure à l'eſgard des Grecs.

Taxila, V. *Indiœ.* Attock, V. de l'Inde vers les ſources de l'Indus.

Taxina, V. *Mediœ.* Seruan, V. de Perſe ſur la mer Caſpienne.

Tectoſages, Pop. Prouinciœ. Le Languedoc, Prouince de France.

Tegea. V. de Grece au Peloponeſe auec vn beau temple de Minerue: Ils ont conteſté le premier rang aux Atheniens en la guerre de Perſe: Ils ont longtemps guerroyé les Lacedemoniens iuſque à

ce que on leur enleuast le corps
d'Orestes.

Tesmeslus. V. de Pamphilie ruinée par Alexandre-le Grand.

Tenedos. Tenedo, I. en l'Archipel
proche de l'Hellespont, proche de
laquelle se cacherent les Vaisseaux Grecs allans contre Troye.

Tenos. Tine, I. en l'Archipel: ses
eaux ne se peuuent mesler auec
le vin.

Teos, V. *Ioniæ.* V. de l'Asie
mineure sur l'Archipel.

Tarodon, V. *Babiloniæ. Balsora,*
V. du Caldar vers l'embouchure
du Tigre en la mer Elcatif.

Termessus, voyez *Telmessus.*

Termini Bacchi, En Scythie au
Septentrion du Iaxartes.

Thapsacus, V, *Mesopotamiæ. Quer-
quisia,* V. du Diarbech sur l'Eufrate.

Thapsus, V. *Africæ. Africa,* V.
du Royaume de Tunis sur la mer

Mediterranée connuë par la victoire de Iules-Cefar fur les partifans de Pompée.

Thafpis, V. *Carmaniæ. Baffiri,* V. de Perfe en la Prouince de Khermoen.

Thaffus. I. *Taffo,* I. en l'Archipel, proche de la Romanie a refifté 3. ans aux Atheniens.

Theare, Riv. de Thrace guerit de la gale & du farcin.

Thebæ Ægypti, al. *Diofpolis. Sahid* où *Thebes,* à cent portes V. d'Egypte proche du Nil.

Thebæ Bæotiæ. Stiues, V. de Grece patrie d'Hercule, de Bacchus & de Pindare. Le Royaume d'Eteode & Polinice a veu ioüer de fanglantes tragedies, proche de fes murailles. Alexandre-le Grãd la ruïna & rançonna fes habitans.

Thebais. Said ou *haute Egypte.*

Thebura. V. *Affyriæ. Chiahrazus,* V. d'Arzerum, ou Schrifol.

Thelbe, V. *Aßiriæ. Cormaba,* V. d'Arzerum.

Themyscira, V. *Ponti,* V. de l'Asie mineure sur la mer Noire. sejour de quelques Scythes qui donnerêt origine aux Amazones dont elle fut la ville Royale.

Theodosia. V. *Caffa,* V. en la petite Tartarie sur la mer Noire.

Thera, al. *Theramene,* I. en l'Archipel proche de Santorini. Sur la fin des Roys de Macedoine vn tremblement de terre fit naistre vne Isle entre Theramene & Therasia & les Deuins assurerent la future grandeur de l'Empire Romain.

Therasia. I. *Tirasia,* I. en l'Archipel vers Candie.

Thermodoon. Fl. de Cappadoce *Pormon,* Riv. d'Asie mineure proche de laquelle ont habité les Amazones.

Thermopylæ. Les *Thermopiles,* fameux.

meux deſtroit entre la Theſſalie
& l'Achaïe. Leonidas & 600. Lacedemoniens y moururent glori-
euſement laſſez de la deffaite des
Perſes& vn Conſul Romain y deffit Antiochus Roy de Syrie qui
auoit refuſé ſa protection à Annibal.

Theſpiæ. V. *Achaiæ*, V. de Grece
ſur le Golfe de Corinthe à longtemps conſerué le beau Cupidon
que Praxitele auoit fait & donné
à ſa maiſtreſſe Glycera.

Theſſalia. *Ianna.* Prouince de
Grece. 47. 40. Les Theſſaliens ont eſté conſiderez pour
leur bonne Caualerie.

Theſſalonica. Saloniki, V. de Macedoine ſouuent mentionnée
dans les Epiſtres de S. Paul.

Thoſpia, V. *Armeniæ. Maiafare-
quin,* V. en Turcomanie.

Thracia. Romanie, pays d'Europe.
53. 43.

G

Thysdrus, V. *Africæ.* *Chayroan,* V. du Royaume de Tunis a esté sejour de Califes.

Tiberis, Fl. *Italiæ.* *Teuere,* ou *Tibre,* Riv. d'Italie qui passe à Rome.

Tigranoama, V. *Armeniæ.* *Merend,* V. aux confins de Turquie & de Perse.

Tigranocerta, V. *Armeniæ.* *Bitlis,* V. en Turcomanie.

Tigris, Fl. *Tigil,* Riv. fameuse en la Turquie d'Asie: est estimée l'vne des 4. du Paradis-Terrestre.

Timici. V. *Mauritaniæ.* *Tremisen,* V. de Barbarie capitale d'vn Royaume de mesme Nom.

Tingis, V. *Mauritaniæ.* *Tanger,* V. de Barbarie sur le Destroit de Gibraltar.

Tiuiscus, Fl. *Daciæ.* Le *Tibise,* Riuiere de Hongrie, beaucoup poissonneuse.

Tiuiscus, V. *Seged,* V. de Hongrie,

Tmolus. Montagne aux confins de Lydie & d'Ionie. Midas y fut mauuais & malheureux Iuge d'vn concert d'Apollon & de Pan.

Toletum, V. *Hispaniæ. Tolede,* V. d'Espagne en Castille.

Tolosa, V. *Galliæ. Toulouse,* V. de France capitale du Languedoc.

Tomi, V. *Mæsiæ. Tomes,* V. de Bulgarië sur la mer Noire, elle a esté connüe par l'exil d'Ouide.

Torone, V. *Macedoniæ.* V. sur la mer Egée.

Traianopolis, V. *Thraciæ. Traianopoli,* V. en Romanie.

Tralles, V. *Lydiæ.* V. en l'Asie mineure.

Trapezus, V. *Ponti. Trebizonde,* V. d'Anatolie sur la mer Noire.

Trasimenus, Lac. Etruriæ. Le *Lac,* de *Peruge,* en l'Estat Ecclesiastique renommé par la grande & seconde deffaite des Romains par Hannibal.

Trebia. Fl. La *Trebie*, Riuiere d'Italie en Lombardie où Hannibal Chef des Cartaginois remporta vne signalée victoire sur les Romains.

Treueri, V. *Galliæ. Treues,* V. aujourdhuy en l'Alemagne.

Tricca, V. *Thessaliæ.* V. de Grece le titre de celuy qui a escrit les amours de Theagene & de Chariclée & qui aima mieux perdre son Euesché que de desauoüer son Roman.

Tridentum. Trente, V. en Italie.

Tripolis, V. *Pheniciæ. Tripoli de Sourie,* V. sur la mer Mediterranée.

Tripolitana, Regio Africæ. Le Royaume de Tripoli. en Afrique. 38.   28.

Troas. Contrée de l'Asie mineure sur l'Archipel. 56.   41. Elle à pareillement eu nom de petite Phrigie.

Troia, al. *Ilium. Troie la grande,* V. de la Troade ou petite Phrygie, capitale d'vn Royaume ; prise & ruinée par les Grecs apres vn siege de dix ans, où vne bonne partie d'Afrique & d'Asie s'intelressa. On atribuë la longueur de ce siege à la necessité qu'eurent les Grecs de diuiser leurs Troiges pour les faire subsister. Troie fut saccagée par les Romains en la guerre Mithridatique.

Tropatèna, pars Mediæ. Le *Geilan,* Prouince de Perse. 89. 39.

Trosmi, V. *Mæsiæ. Trosmi,* V. de Bulgarie, dans le voisinage du Danube.

Tunetum, V. *Africæ. Tunis,* V. capitale du Royaume de Tunis en Barbarie. Elle s'est acreüe des ruines de la grande Cartage & a esté estimée la fameuse Tarsis.

Tongri, V. *Galliæ Belgicæ Tongres,* V. des pays Bas en l'Euesché de

Liege.

Tuscia, voyez *Hetruria*.

Tyana.   V. de Cappadoce.

Tiagna, V. en l'Asie mineure:
patrie d'Apollonius qui fut estimé magicien à cause de son grand
scauoir.

Tylos. I. *Baharem*, I. en la mer
Elcatif, renommée pour la pesche des Perles.

Tyndarium. *S. Maria di Tyndaro*,
V. ruinée en Sicile.

Tyras, Fl. *Daciæ*. Le *Niester*, Riv.
entre la Pologne & la Moldauie.

Tyrea, V. *Peloponesi*. dont la
pretention donna occasion au
combat de 300. Argiens & de
300. Lacedemoniens.

Tyrus. *Tir* ou *Sur*, V. de Phenicie sur la mer. Elle a esté
renommée pour sa force, pour
ses richesses, pour sa belle écar-
late, pour ses bons nauigateurs.
& pour la constructiõ de plusieurs

villes. Alexandre-le Grand la
prit au moyen d'vne fameuse di-
gue apres 7. mois de siege. Elle
auoit esté ruinée par Nabucho-
donosor apres vn siege de   14.
ans.

V

Valencia. Valence la Grande, V.
d'Espagne capitale du Royaume de Valence.

Vandali Pop. Germaniæ. en   la
partie Septentrionale d'Alemagne, ont fait plusieurs courses en
Europe, & de grandes conquestes
en Afrique.

Varus. Fl. le *Var*, a serui de borne entre la Gaule & l'Italie.

Vectis. I. L'Isle de *Vvicht*, en la
mer Britannique.

Veneti Pop. Galliæ. Ceux de Vennes,
en Bretagne.

Venetia. Le Domaine de Venise, en
Italie.   355.   46.

Venta Belgarum, V. *Britanniæ*

152   *L'Alphabet des quatre*

maioris. Vinchefte, V. en Angleterre.

Venuſia, V. *Italiæ. Venoſa,* V. du
Royaume de Naples en la Baſilicate, la patrie du poëte Horace.

Veſontio, V. *Galliæ. Befançon,* V.
en la franche Comté.

Viadrus, Fl. *Germaniæ. l'Oder,* Riv.
d'Alemagne.

Vindelicia. Partie de Bauiere, & de
Souabe, Prouinces d'Alemagne.
33.   48.

Vienna, V. *Prouinciæ. Vienne,*
V. de France en Dauphiné a
donné ſon nom à la Gaule Vien-
noiſe.

Vindobona, V. *Pannoniæ. Vienne,*
V. d'Alemagne capitale d'Auſtriche.

Viſtula. Fl. Le *Veiſſel,* Riviere
de Pologne.

Vliarus. I. *Oleron,* I. en l'Ocean
ſur la coſte de France.

Vlpianum, V. *Daciæ. Varadin,* V.

de Transiluanie.

Vmbria, Regio Italiæ. l'Ombrie, ou Duché de Spolete en l'Estat Ecclesiastique. 36. 43.

Vologesia, V. *Babyloniæ. Cufa,* V. en Caldar.

Volubilis, V. *Mauritaniæ. Fez,* V. de Barbarie capitale de son Royaume.

Vr, al. *Vrchoa,* V. *Babiloniæ. Hira,* V. en Prouince de Caldar.

Vta, V. *Mediæ.* V. sur la mer Caspienne aux confins de Perse & de Turcomanie.

Vtica, V. *Africæ. Bizerte,* V. de Barbarie dansle Royaume de Tunis. Elle fut amye des Romains en haine des Carthaginois apres la deffaite du parti de Pompée Caton qui en porta le nom s'y procura volontairement la mort. Peu auparauant Curion du parti de Cesar y auoit esté deffait & tué sur la place.

Vxellodunum, V. *Aquitaniæ*, V. *Cahors*, V. de France capitale du Querci ou pluftoft *Cadenac*, en la mefme Prouince.

X

X Anthus. V. de Lycie *Sante* ou *Fifchio*, V. d'Anatolie. Elle ayma mieux perir que de fe rendre à Brutus: Elle tefmoigna la mefme refolution contre Harpagus lieutenant de Cyrus.

Z

Z Abata, Fl. *Affyriæ.* Il fe rend dans le Tigre & eft connu pour le meurtre des principaux Chefs des dix mille Grecs qui furent poignardez par les Perfes fous pretexte d'vn pourparler, & d'vn Feftin.

Zabraca. Tripoli, Vecehio, V.d'Afrique fur la cofte de Barbarie dans le Royaume de Tripoli.

Zacyntus.   I. & V. *Zante,* Ifle & Ville en la mer Mediterranée au couchant du Peloponese.

Zadracarta, V. *Hyrcaniæ.* V. de Perse.

Zana, V. *Africæ, in Numidia.* Connüe pour la deffaite d'Hannibal par Scipion.

Zama. V. de Cappadoce en l'Asie mineure.

Zariaspa, V. *Sogdianæ.* en Zagathay Prouince de Tartarie sur l'Albiamu.

Zarmizegethusa, V. *Daciæ.* V. ruinée en Transiluanie.

Zegira, V. *Assyriæ. Gezirat,* V. d'Arzerum, sur le Tigre.

Zela. V. de Cappadoce proche de laquelle Pharnaces fut deffait par Iules-Cesar.

Zeugma, V. *Syriæ. Sobcha,* V. de Sourie sur l'Eufrate.

Zilia, V. *Mauritaniæ. Arzille,* V. du Royaume de Fez en Barbarie sur la mer Oceane.

FIN.